会計基準の最前線

西川郁生 著

税務経理協会

はしがき

２００１年７月に財団法人財務会計基準機構（ＦＡＳＦ）が設立され、その内部組織として企業会計基準委員会（ＡＳＢＪ）が同年８月の第１回委員会から動き出した。私は、縁あってＡＳＢＪの設立時より副委員長として参画し、２００７年４月より委員長となって、７年後の２０１４年３月に退任した。ＡＳＢＪは国内市場関係者に支えられた民間の会計基準設定主体であり、国際的な会計基準に関して意見発信をする場でもある。

国際的にはＩＡＳＣ（国際会計基準委員会）から２００１年に改組された常設機関のＩＡＳＢ（国際会計基準審議会）が、ＩＡＳ（国際会計基準）という基準名をＩＦＲＳ（国際財務報告基準）に変え、米国ＦＡＳＢ（財務会計基準審議会）とのコンバージェンスを通じ、米国基準との収斂に向けた活動を進めた。この活動は、両ボードが共通のテーブルで議論し、ほとんどの重要な会計基準を網羅的に作り直そうとする野心的な試みであった。ＩＡＳＢは世界各国でＩＦＲＳ適用を進める上で、ＩＦＲＳと米国基準の収斂が大きな武器になると考えていたことは間違いない。

ＡＳＢＪ委員長時代、私はＩＡＳＢとの東京合意、ＩＡＳＢやＦＡＳＢとの定期協議とコンバージェンスの加速、ＥＵ同等性評価、日本版ロードマップ案といわれる企業会計審議会の中間報告、ＭｏＵプロジェクトへの意見発信、ＡＯＳＳＧ議長職、ＡＳＡＦ会議参加、企業会計審議会の当面の対応などを見たり、体験したりしてきた。

これらの委員長時代の経験を書籍として残すことに意義を感じ、まずは在任中に執筆した論稿をまとめることとしたのが本書である。本書の26の論稿は、私がＡＳＢＪ委員長時代にＦＡＳＦ／ＡＳＢＪの機関（季刊）誌である『季刊 会計基準』の各号に掲載されたものである。季刊誌の創刊は２００３年３月、松山雅胤初代事務局長の時代である。財団内部のコア・メンバーの会議で、会員サービスとして機関誌の発行を氏に提案した記憶がある。この媒体の基礎を築いたのは氏の功績である。

26の論稿のうち、22個がチェアマンズ・ボイスというコラムに連載したものである。チェアマンズ・ボイスの開始は２００８年９月の第22号からで、遠藤博志常務理事事務局長に、委員長がメッセージを送り続けるべきであると尻を叩かれて始めたものである。こうして書籍として残せることになり、同氏に深く感謝するものである。

連載を意識しているからその時々でベストなテーマについて触れようとしているが、今改めて見直すと、もっとバランスの取れたテーマの取り上げ方ができたのではないかと思わないでもないが、それはハインドサイト（後知恵）というものであろう。書籍としてはむしろ、当時置かれていた環境の中で何を考え、何を試みたかをそのまま再現することに意義があると思われる。したがって、表現も掲載時に忠実とすることを旨とした。

本書は、２０１４年10月に上梓した『会計基準の針路』（中央経済社）の姉妹書といえる。民間の会計基準設定主体の考え方や活動の記録を残すものといえる。どちらも活動中に残した記録であるが、いずれ３部作として13年間の活動を私なりに遡って一から書き起こしたいと思っている。ただ、それはこの段階では何もとりかかっておらず、個人的な野心である。

会計の書籍は、新たな基準に対する実務書や一部の教科書の類を除いては一般的に販売力があるものでない。その点、本書刊行の意義を認め、出版補助を賜った慶應義塾大学商学会に心から感謝申し上げたい。さらに、編集の労を取っていただいた税務経理協会の大坪克行氏、宮田英晶氏に深く感謝するものである。また、季刊誌からの転載許可をいただいた公益財団法人財務会計基準機構（ＦＡＳＦ）の都正二代表理事常務に感謝するものである。

２０１５年２月吉日

本書の構成

本書では、時代の推移を理解していただくことが必要になるので、本文の前に年表を示して時代背景がわかるようにした。

表現は季刊誌掲載時のものを忠実に残すこととしたが、セクションごとに概ね3か月ずつ時が移るので、掲載時に今年、去年と表記した部分や、月だけが記されている場合、年次を追加することで、わかりやすくした。見開きの左頁の肩に掲載月を記載することでどの頁でも執筆時がわかるようにした。

個人名は、繰り返しの場合を除き、できる限りフルネームに変えた。誤認を避けるためである。

掲載時に注を付している場合は、削除が適当（例えば、掲載号の中で他の箇所を参照する等）なものを除き、注は当時のまま残した。本書出版時に論稿を振り返って、注に相当することを追加したい場合、該当箇所に*を付し、各セクションの終わりの「§○を振り返って」と題する小文の中で説明を加えた。それにより、執筆当時と現在で時点の異なる注が紛らわしくならないようにした。

目次

「会計基準の最前線」年表

（一部、年月順が逆転しているのは、各論稿の校了月が季刊誌掲載月の前の月の上旬であり、そのセクションが次に記載された事象を踏まえることなく執筆されていることを含意する。）

2001年4月	国際会計基準審議会（ＩＡＳＢ）が発足
2001年7月	財団法人財務会計基準機構（ＦＡＳＦ）発足
2001年8月	ＦＡＳＦの内部機関である企業会計基準委員会（ＡＳＢＪ）の第1回委員会開催（斎藤静樹委員長、西川郁生副委員長）
2001年9月	ＩＡＳＢリエゾン国会議に初参加（ロンドン）
2002年2月	第1回日中韓3か国会計基準設定主体会議開催（東京）以降3か国の回り持ちで秋に年1回（2002年のみ2回）開催
2002年5月	ＦＡＳＦ支援団体がＡＳＢＪの基準等について遵守する旨の文書を公表

2002年10月	IASBと米国財務会計基準審議会（FASB）がノーウォーク合意を公表
2003年6月	ASBJが与党の時価会計凍結減損会計適用延期要請に回答
2004年7月	ASBJが中期的な運営方針（コンバージェンスに対する基本方針を含む）を公表
2005年3月	第1回ASBJ、IASBのコンバージェンスのための共同プロジェクト（定期協議）開催（東京）以降年2回東京とロンドンで交互に開催
2005年7月	欧州証券規制当局委員会（CESR）がEU同等性評価のための技術的助言を公表
2006年5月	ASBJとFASBの第1回定期協議開催（東京）以降年2回東京とノーウォークで交互に開催（現在も継続中）
2006年7月	金融庁企業会計審議会、「会計基準のコンバージェンスに向けて（意見書）」を公表

２００６年10月	ＡＳＢＪ、プロジェクト計画表を始めて公表
２００６年12月	ＡＳＢＪ、概念フレームワークを討議資料として留め置くこととする
２００７年４月	新委員の互選により西川郁生ＡＳＢＪ委員長に就任
２００７年５月	コンバージェンスに関するＩＡＳＢとの合意に向けてロンドン出張
２００７年６月	§１　委員長就任にあたって（季刊誌第17号）
２００７年６月	ＡＳＢＪが中期運営方針を公表
２００７年８月	ＡＳＢＪとＩＡＳＢが東京合意締結
２００７年９月	§２　会計基準のグローバル・コンバージェンスに向けたＡＳＢＪの戦略―東京合意を公表して―（季刊誌第18号）
２００７年11月	米国ＳＥＣ、国外企業に調整表なしでＩＦＲＳによる登録を認める
２００７年12月	ＡＳＢＪが東京合意に基づきプロジェクト計画表を更新

2008年9月	§3　コンバージェンスの向かう先（季刊誌第22号）（チェアマンズ・ボイス連載開始）
2008年8月	SECコミッショナー会議でIFRS適用に向けたロードマップ案を公開する議論がウェブサイトを通じて公開される
2008年9月	リーマン・ブラザーズ社破綻
2008年10月	G7財務大臣・中央銀行総裁会議の行動計画で「質の高い会計基準の一貫した実施」に言及
2008年10月	IASBが金融商品会計の一部を緊急改定し保有区分の変更を容認、公開草案（デュー・プロセス）を省略
2008年10月	経団連が意見書「会計基準の国際的な統一化へのわが国の対応」を公表
2008年11月	SECがIFRS適用に向けたロードマップ案を公開
2008年12月	§4　金融危機と会計基準設定のあり方（季刊誌第23号）

２００８年12月	ＡＳＢＪが金融危機対応を完了
２００８年12月	ＥＵが同等性評価の結論を下し、日本の会計基準はＩＦＲＳと同等とされる
２００８年12月	ＦＡＳＦが定款変更。常勤委員に任期延長制度導入、委員長は理事会が選任
２００８年12月	ＡＳＢＪが短期コンバージェンス・プロジェクトを完了
２００９年３月	§５　ＩＦＲＳの適用とコンバージェンス（季刊誌第24号）
２００９年３月	ＩＡＳＢとの定期協議、ＦＡＳＢとの定期協議を初めて連続開催（東京）
２００９年４月	Ｇ20首脳、金融商品基準の改善及び高品質な単一の会計基準への要望
２００９年６月	§６　財務諸表の表示プロジェクトと包括利益の表示（季刊誌第25号）

2009年6月	金融庁企業会計審議会が（中間報告）を公表し、強制適用のロードマップを公表するとともに任意適用の開始を提言
2009年9月	§7　金融商品会計基準の見直し（季刊誌第26号）
2009年11月	FASF、公益財団法人へ移行登記
2009年11月	第1回AOSSG会合がマレーシア（クアラルンプール）で開催される
2009年12月	§8　秋の会計外交を一巡して（季刊誌第27号）
2009年12月	連結財務諸表規則の改正により、ASBJ基準がGAAPとなる手続を（事務ガイドラインから）金融庁告示に変更
2010年3月	§9　3年間を振り返って（季刊誌第28号）
2010年2月	米国SECが声明を公表（IFRS適用に関するロードマップは記載されず）
2010年2月	「非上場会社の会計基準に関する懇談会」が設置される

２０１０年４月 委員の新しい任期、西川郁生委員長再任

２０１０年６月 §10 ＡＳＢＪの進路（季刊誌第29号）

２０１０年６月 ＡＳＢＪ、中期運営方針を公表

２０１０年９月 §11 連結先行の進め方（季刊誌第30号）

２０１０年９月 第２回ＡＯＳＳＧ会議を東京にて開催（この時点から２０１１年11月まで西川ＡＳＢＪ委員長がＡＯＳＳＧ議長を務める）

２０１０年12月 §12 第２回ＡＯＳＳＧ会議の周辺で（季刊誌第31号）

２０１１年３月 §13 ＡＳＢＪの基準開発の取組みとプロジェクト計画（季刊誌第32号）

２０１１年４月 「単体財務諸表に関する検討会議」から報告書を受領

２０１１年６月 §14 東京合意後の基準開発―東日本大震災の影響の中で―（季刊誌第33号）

２０１１年６月	デイビッド・トゥイーディーＩＡＳＢ議長との最後の定期協議後、東京合意における達成状況等に関するプレス・リリースを公表
２０１１年６月	自見金融担当大臣による談話の公表
２０１１年６月	デイビッド・トゥイーディー氏ＩＡＳＢ議長を退任
２０１１年７月	ハンス・フーガーホースト氏ＩＡＳＢ議長に就任
２０１１年７月	ＩＡＳＢが「アジェンダ・コンサルテーション２０１１」を公表し、意見募集
２０１１年９月	§15　ＡＳＢＪの10年―これまでとこれから―（季刊誌第34号）
２０１１年11月	ＡＳＢＪがアジェンダ・コンサルテーション２０１１にコメント送付
２０１１年12月	§16　ＡＯＳＳＧ議長を終えて（季刊誌第35号）
２０１１年11月	第３回ＡＯＳＳＧメルボルン会合開催。西川ＡＳＢＪ委員長がＡＯＳＳＧ議長を退任

2012年1月	FASF人材開発支援プログラムを立ち上げ
2012年3月	§17 人材開発支援プログラムの開始にあたって（季刊誌第36号）
2012年4月	西川郁生委員長任期再延長
2012年6月	§18 アジェンダ・コンサルテーションと日本からの意見発信（季刊誌第37号）
2012年9月	§19 ASBJにおける最近の国内会計基準の開発状況（季刊誌第38号）
2012年10月	IFRS財団アジア・オセアニア・オフィス、東京に開設
2012年12月	§20 IASBによる各国会計基準設定主体との関係強化とASBJの対応（季刊誌第39号）
2013年3月	§21 2013年ASBJの新しい課題（季刊誌第40号）
2013年4月	第1回ASAF会議開催（ロンドン）
2013年5月	ASBJとIASBの定期協議最終回開催（東京）

2013年6月	§22 第1回ASAF会議とIASBとの定期協議最終回を終えて（季刊誌第41号）
2013年6月	金融庁企業会計審議会が「当面の方針」を公表
2013年9月	§23 エンドースメントされたIFRSの策定（季刊誌第42号）
2013年11月	ASBJ当期純利益、OCIに関するASAF会議アジェンダ・ペーパーを完成
2013年12月	§24 当期純利益とOCIリサイクリング（季刊誌第43号）
2013年12月	第3回ASAF会議においてASBJ作成の当期純利益の討議ペーパーを議論
2014年3月	§25 委員長職の任期満了を前にして（季刊誌第44号）
2014年3月	FASBとの第16回定期協議（ノーウォーク）において、西川郁生ASBJ委員長任期満了で退任
2014年6月	§26 委員長在任期間を振り返って（季刊誌第45号）

§1

委員長就任にあたって

『季刊 会計基準』第17号(2007年6月)掲載

はじめに

財団法人財務会計基準機構の会員及び関係の皆様、日頃は私ども企業会計基準委員会（ＡＳＢＪ）の活動をご支援いただき、誠にありがとうございます。

このたび、２００７年４月５日開催の第１２６回委員会において委員の互選により当委員会の第２代委員長に就任いたしました。任期は２０１０年３月までの３年間となります。昨今の会計基準及びその国際的動向についての関心の高さを思い、職責の重大さを痛感するところであります。

２００１年の設立以来、ＡＳＢＪでは、斎藤静樹前委員長の下、国内会計問題については、会計ビッグバンの総仕上げであった企業結合や減損会計の適用指針の公表、新しい会社法及び四半期報告制度への対応等、国内制度と会計基準の整合を計るべく機動的に対応して参りました。また、国際的な会計基準のコンバージェンスにおいても、国際会計基準審議会（ＩＡＳＢ）や米国財務会計基準審議会（ＦＡＳＢ）とそれぞれ定期的な協議を開催し、積極的な意見交換を行っております。これらの成果は、斎藤前委員長の指導力の賜物と感謝しております。

ＡＳＢＪの活動とコンバージェンスの加速

欧州連合（ＥＵ）では、欧州域内企業の国際財務報告基準（ＩＦＲＳ）の強制適用に関連し、第三国企業に関し第三国会計基準のＩＦＲＳ同等性の評価が取り上げられ、適用延期を経てその決着が２００８年に見られる見通しとなっています。また、ＩＡＳＢとＦＡＳＢは、ＥＵと米国証券監視委員会（ＳＥＣ）のロードマップを踏まえ、２００６年２月新たなコンバージェンスプラン（いわゆるＭｏＵ）を公表しています。

このような動きに対応し、国内では２００６年６月に日本経済団体連合会からコンバージェンスの加速化を求める文書が公表され、また、同年７月企業会計審議会企画調整部会からコンバージェンスに向けた工程表の作成の要請がありました。

ＡＳＢＪでは２００６年10月にプロジェクト作業計画表を公表し、同等性評価において追加開示を要請された項目を中心にコンバージェンスの加速をスケジュールとして明確化しました。

ＡＳＢＪの活動への理解度を高める

コンバージェンスを加速化するとしても、日本の方針としてＩＦＲＳを丸呑みすること（adoption）としていない以上、国内での議論はデュー・プロセスを経て基準等を公表していくという地道な作業の積み重ねとなります。国内において十分な理解を得ることとともに、国内諸制度との整合も前提となっています。ここ数年においては、委員会及び専門委員会の公開回数が年間２００回ほどに及ぶほどの過密日程となっています。基準設定主体としての仕事はそのような地味で地道なものでしかなく、基準等の公表物の内容は世間とのコミュニケーションの結果であるということができます。

ただ、そのような活動なだけに、コンバージェンスに向けできる限りの努力をしていても、対応が遅いと言われがちになるので、活動内容や方向性を早めに世の中に明示し、それをアップデートしていくことの必要性を感じています。最初の委員交代時の２００４年７月にＡＳＢＪでは中期運営方針を公表し、そこで掲げた国際対応への基本姿勢に従って、その後のＩＡＳＢとの共同プロジェクトにおいて一貫した取組みを行ったということがありました。今回は、委員長、副委員長が新任であるとともに、委員の過半数が交代しており、３年間の任期に関する活動方針を迅速に公表する必要があると感じ*、２００７年５

月中の中期運営方針の公表＊を打ち出しました。

コンバージェンスの具体的な進捗

ＩＡＳＢとのコンバージェンス・プロジェクトにおいて、差異の全体像が把握された上、それらは短期項目と長期項目に分けられています。解決の方向性が明らかなものを短期項目とし、それ以外が長期項目となります。短期項目の相当部分はこれまでに決着済みで現在審議中のセグメント報告、資産除去債務、工事契約、金融商品の公正価値開示もおおむね年内決着の予定です。これに加え、ＥＵ同等性評価に関連する追加開示要請のあった26項目についても差異をできる限り縮小するよう調査研究中で、細かな論点も多いことから、年内に方向性が出てから決着までにそれほど時間を要しないと思います。

長期プロジェクトについては、業績報告、収益認識、無形資産、連結範囲、遡及修正を優先的に調査研究することとしていますが、遡及修正については論点整理を経れば、解決の方向性が明確になり、短期項目と変わらなくなると思われます。遡及修正以外の項目はすべてＩＡＳＢとＦＡＳＢのＭｏＵのうち長期11項目と呼ばれる項目にあたります。長期11項目は両者による新たな基準つくりの対象であって、その多くは国際的にも簡単に結論が出ないものと考えられます。これら優先項目を含む長期項目についても、国際的議論を踏まえながら、国内問題として取り組むことを明確にした上で、日本として積極的に意見発信していきたいと思います。

このため、２００６年10月に公表したプロジェクト計画表に、２００８年以降について、同等性26項目の工程を示すとともに、長期項目についての取り組みも適時加えていきたいと思います。

財務報告の目的と測定方法

現状、ＩＡＳＢとＦＡＳＢの議論が実験的なものになりがちで、既にコンバージェンスが達成されているものまで一度壊して議論を開始することが多く、会計基準が安定せず、方向性も定かでないという懸念を生じさせています。経験の積み重ねを先人の知恵によって集約し、歴史の評価に耐えてきたこれまでの会計基準を土台にしていないと不安視されても仕方ないかもしれません。多くの人の不安は、突き詰めると包括利益導入に伴う純利益（稼得利益に類似）の排除や金融商品を超えた全面時価会計への懸念に行き着くのかもしれません。

それら多くの人は、実験的な議論に対し「理論的にはともかく」といいがちで、公正価値に向かう方向性について理論的には勝てないと思っているのかもしれません。しかし、実際のところは、実験的な議論を評価する上で、財務報告の目的を考えてみることが重要と思います。

財務報告は投資家が企業の将来キャッシュ・フローを予測し企業価値評価を行う上で、価値評価の手がかりになる現在までのキャッシュ・フローの成果を示すものです。このため、将来キャッシュ・フロー予測によって形成される資産等の公正価値が財務諸表に利用される局面は自ずから限定されるものと考えたほうがいいと思います。

例えば、企業が株式に投資し、それが売買目的有価証券として公正価値で測定されるのは、そこに投資した企業の立場は、一般投資家そのもので、その株式が生み出す価値（将来キャッシュ・フロー）の向上には関わらず、その株式が生み出すキャッシュ・フローを受動的に受け入れるのみとなり、誰が持っていてもその株式は市場で決められた価値しかないからです。その一方、自己による価値評価を基に取得と売却のタイミングだけは自由裁量となっていると考えられます。市場の株価は投資家による将来キャッシュ・フロー予測の投票結果のようなものですから、可能な範囲で将来予測を織り込んでいるわけです。

そのような将来予測を織り込んだ価値で貸借対照表上の評価額とするのは、保有企業にとって売買目的有価証券が、その取得（入口）から売却（出口）まで市場との取引のみで完結しているからです。このような金融投資では、投資の成果が市場価値の変動で測られるということもできます。

一方、同じ株式の取得でも取得先が子会社である場合があります。この場合、子会社で行われる事業は親会社の事業そのもの、或いはその延長であって、事業主体である親会社の価値の一部を形成するものです。子会社の事業も親会社事業と同様、事業によるキャッシュ・フロー獲得能力を引き上げ、投資家による将来キャッシュ・フローの期待を高めることを通じ、企業価値を向上させる役割を経営者が担っているという意味で、企業価値の向上は経営者の責任です。しかし、価値評価を行う主体は投資家であって、財務報告において経営者は事業投資の成果を報告した上で、投資家の判断（将来キャッシュ・フロー予測）に委ねることになります。連結財務諸表では、子会社株式を時価評価することに代え、子会社株式が表している個々の資産等を貸借対照表に展開し、それぞれ親会社と同様の会計処理を行うことになります。すなわち、事業投資においては、投資された資産等の評価において将来キャッシュ・フローを織り込むこと（例えば、継続的な公正価値評価による損益認識）は排除し、投資の回収を実績キャッシュ・フロー（稼得利益）で示すことになると考えられます。

売買目的有価証券と子会社投資はそれぞれ金融投資と事業投資の典型ですが、測定ツールは異なる（例えば、公正価値と取得原価を基にするもの）としても、どちらも投資の成果が適切な期間に認識されるよう組み立てられていると考えられます。

誰も連結財務諸表で子会社株式を時価評価すべきとは思わないという当たり前のことを、なぜそうなるか考えることは重要だと思います。

実験的な議論が、公正価値評価を適切に使う議論に収束されることを期待したいと思っています。

§1を振り返って

本書はASBJ委員長就任時の市場関係者向けの所信表明に始まる。この稿では、ASBJの活動の進め方といった抱負にとどまらず、公正価値会計に対する考え方を意気込んで書いている。

文中で2007年5月中の中期運営方針の公表を目指すとしたが、実際の公表は6月にずれ込んでいる。この稿の締切りは2007年5月上旬である。IASBとの合意のための下話に秋葉主席研究員とともにロンドンに出張したのは2007年5月末であり、出張日程について先方と調整中というタイミングである。文中に「活動内容や方向性を早めに世の中に明示し、それをアップデートしていくことの必要性を感じ」ていると中期運営方針に関連付けて記している。活動予定のアップデートにメッセージを持たせるためにはトゥイーディー議長との合意の成功が必要と意識していたことは間違いない。

§2

会計基準のグローバル・コンバージェンスに向けたASBJの戦略

―東京合意を公表して―

『季刊　会計基準』第18号（2007年9月）掲載

グローバル・コンバージェンスに関する基本的なスタンス

国際会計基準審議会（ＩＡＳＢ）のトゥイーディー議長が、２００７年８月２日から３日にかけて来日し、日本基準と国際財務報告基準（ＩＦＲＳ）のコンバージェンスの加速化に関する協議を行い、２００７年８月８日に「会計基準のコンバージェンスの加速化に向けた取組みへの合意」（以下、東京合意という）として公表した。

２００５年の欧州市場における国際財務報告基準（ＩＦＲＳ）のＥＵ域内企業への強制適用によって、ＩＦＲＳが理念的な基準から市場という拠り所を有する基準に変わり、カナダ、韓国、インドが２０１１年にＩＦＲＳを導入することを表明するなど、国際的に１００か国以上がＩＦＲＳを受け入れると伝えられている。また、米欧の規制当局が２００９年を目途に＊それぞれの資本市場において会計基準を実質的に相互承認する〈1〉ことを目指し、国際会計基準審議会（ＩＡＳＢ）と米国財務会計基準審議会（ＦＡＳＢ）の間でそれを意識したコンバージェンスの推進に動いている。

今回の東京合意は、そのような最近の国際的な会計基準のコンバージェンスの加速化という動向を踏まえ、企業会計基準委員会（ＡＳＢＪ）の基本スタンスについて内外に正しく認識してもらうことを意識している。

一方、ＡＳＢＪの基本スタンスそのものは変わったわけではない。ＡＳＢＪは、２００１年の設立以来、国内諸制度への対応と国際的なコンバージェンスに向けた対応を両輪として国内会計基準の開発を行ってきた。そして、会計基準開発に当たっては、日本基準が日本の金融資本市場の基幹インフラであると捉え、国際的な競争力の維持・向上を図る上で、日本基準が国際的に高品質であることが必要不可欠であると考えて取り組んでいる。ところが、その地道な作業はデュー・プロセスを伴い、その分だけ速度が遅いとみられがちだった。日本においては、米国と同様、ＩＦＲＳをそのまま導入（adoption）するということではなく、コンバージェンスに向けた基準開発活動を通じて、ＩＦＲＳとの差異の解消に努めていくという方針がある。そうであれば、デュー・プロセスは当然の前提になるので、コンバージェンスの進め方の時系列図を明示した上で、理解を求めるほかないということになる。

ＩＦＲＳを日本基準に単純に置き換えないということは、国の政策判断であり、その背景には、日本の会計基準が、我が国の諸制度と整合性をとりつつ、一方でグローバルな市

〈1〉それぞれのアプローチは異なっており、欧州はＩＦＲＳと同等な基準を、補正開示を含めて認めるというアプローチであり、米国は米国基準と純粋なＩＦＲＳのみを調整開示なしで認めるというものである。

場の一翼を担う我が国の資本市場で長年使用されてきたという事実があり、その役割について市場関係者においても、また、市場管理面においても引き続き評価されているものと解することができる。勿論、このような前提があっても国際的な会計基準の動向を無視して独立的に基準開発ができるわけではない。

ＡＳＢＪは、今（２００７）年６月に策定した中期運営方針において、個別的課題への対応を含む今後３年間の運営について、明らかにしたところであるが、そこで謳われたコンバージェンスの加速やコミュニケーションの強化といったものを具体的に推し進めるものとして今回の東京合意は位置付けられよう。

東京合意までの経緯

私は、２００７年４月にＡＳＢＪの委員長に就任した直後から、できるだけ早期にＩＡＳＢのトゥイーディー議長と直接対話をする機会を持つべきと考え、２００７年５月末にロンドンに赴き、会計基準のコンバージェンスを巡る考え方に関して意見交換を行った。この意見交換を通じ、日本基準について内外に正しく認識してもらう上で、ＡＳＢＪとＩＡＳＢとの間でのコンバージェンスの進め方についての合意を公表することが、有効であると考えるにいたった。

そして、帰国直後から、コンバージェンスの進め方について検討を進め、トゥイーディー議長と、度重なる書簡のやり取りを行った。また、これと並行して、国内の市場関係者の合意形成に努めた。市場関係者の合意を重視して基準開発を心がけているＡＳＢＪとして、単独の判断では今後の取り組みに支障をきたす可能性もあると考え、国内の関係諸団体と打ち合わせを行い、コンバージェンスの促進に関する国内の意思統一を図った。その中で、産業界の代表的意見を要約すると、米欧が会計基準の国際的なコンバージェンスについて様々な議論を行っていくときに日本がテーブルにつけないことが最大の懸念であり、我が国として主張すべき点については主張しつつ、会計基準の国際的なコンバージェンスの流れに乗り遅れないようにしてほしいといったことであった。このような声を踏まえ、ＡＳＢＪは東京合意に向けた交渉に臨んだ。なお、日本経済団体連合会経済法規委員会企業会計部会は、東京合意と同日に「今後の会計基準コンバージェンスの進め方について」を公表して、東京合意の考え方について支持を表明している。

東京合意の内容

今回の合意については、いくつかのポイントがある。

第一に、日本が一方的にＩＦＲＳに合わせるという形ではなく、従来通り、対等な立場でコンバージェンスを進めるものであるということである。日本側がＩＦＲＳの規定に合わせる項目が多いとしても、ＩＦＲＳ側が修正すべき項目は当然ありうる。

第二に、基準のコンバージェンスにあたっては、規制当局を含む関係者と十分に協議しつつ、それぞれのデュー・プロセスに従って行うことである。これも、２００４年10月にコンバージェンス・プロジェクトをスタートすることに合意した時と同じ内容である。

第三に、これが今回のメインであるが、コンバージェンスの時期を明示したことである。具体的には二つの目標期日を掲げ、差異項目はそれを踏まえて三つの区分に分かれることとなる。まず、２００８年までに差異を解消するか又は会計基準が代替可能となるような結論を得るものとして、ＥＵの同等性評価に関連するものがある。２００５年７月欧州証券規制当局委員会（ＣＥＳＲ）により指摘された、日本基準で作成された財務諸表に対して補正措置を提案している項目である。これらのプロジェクトを通じて、現在における日本基準とＩＦＲＳの間の重要な分野におけるコンバージェンスは達成されると考える。

そして、残りの既存の差異や、ＩＡＳＢと米国財務会計基準審議会（ＦＡＳＢ）で検討を行っている長期項目のうち２０１１年6月30日までに適用されるものは、同日を目標期日として解消を図ることとした。

しかし、ＩＡＳＢと米国ＦＡＳＢで検討を行っている長期項目については、２０１１年6月30日後に適用となる新たな基準も存在すると考えられる。このようなプロジェクトについては、今後発生する差異でもあり、現時点においては明示的な時期を設定することが困難となる。このため、２０１１年6月末日後に適用となる新たな主要なＩＦＲＳについては、検討段階から日本も積極的に参画し、当該基準が適用となるときに、日本においてＩＡＳＢと米国ＦＡＳＢとで共同開発した会計基準の内容に沿って受け入れ可能となるよう検討を行うこととした。

第四に、従来以上にＩＡＳＢの審議に日本が関与していくことが挙げられる。特に新たな長期項目の検討にあたっては、２００５年以降開催しているＡＳＢＪとＩＡＳＢの代表者による年2回の共同会議に加え、会計基準の開発において生ずる重要な論点をより実践的に議論していくために、ディレクターを中心とした作業グループを設けて緊密に連携していくこととした。これは、会計基準のグローバルなコンバージェンスを巡る環境変化を踏まえて、コンバージェンス・プロジェクトを迅速かつ着実に進めていき、また、国際的な会計基準設定プロセスに日本からのより大きな貢献を促進するように協力を深めるための方策として考えたものである。今後は、体制整備をはじめとして、具体的な対応を両者で協議してくこととなる。

今後の課題

今回の東京合意は、特にIASBとFASBの共同プロジェクトとして進められる長期項目〈2〉に関し、日本の参画を前提としている。会計基準開発に自主性を有する国は、現状で米国と日本くらいであるが、米国の立場は、もともとプロジェクト自体をリードするほど強い。日本の場合は、これからプレゼンスを高めていかなければならない。

特に、日本に強い主張があるとき、それをどのように国際的に説得的に伝えていくか、ASBJ事務局の体制整備には、IASBとのコミュニケーションの強化だけでなく、広く国際的な関係者へのコミュニケーション能力を高めなければならないと考えるところである。

また、今回の東京合意の結びには、ASBJとIASBの両者だけでなく、財務諸表作成者、監査人、投資家及び規制当局を含む多くの関係者の努力や行動を通じて、会計基準のグローバルなコンバージェンスの達成に役に立つものと期待しているとあるように、広く市場関係者の貢献を求めている。ＡＳＢＪは、今後とも国内関係者と協調的に行動できるよう常に確認していく必要があると考えている。

〈2〉　いわゆるＭｏＵの長期項目を考えている。企業結合第2フェーズは議決済みであることから、それを除いた10項目が対象となる。なお、ＩＡＳＢは米国以外と公式的な共同プロジェクトは持たないこととしている。

§2を振り返って

東京合意は2007年8月8日に公表された。4日前の8月4日の日本経済新聞1面トップに「国際基準と全面共通化、国際組織と日本側大筋合意、2011年までに」の見出しが躍った。8月8日、FASF／ASBJは記者会見を開催し、東京合意の公表と概要を説明した。出席していた大手新聞の記者が8月4日の日経報道は誤報だという確認を求めた。日経記事は事例として挙げたM&A処理の統一化に偏った面もあったし、正確性には欠ける。だが、日経と他社では会計基準に対する日頃の取材体制が違った。記事はIASB議長来日や国内での意見調整などの情報を地道に追った記者の努力の産物だろう。

なお、文中に欧米の2009年の相互承認を目途に、とあるが、米国におけるピュアIFRSの承認（国外企業のみ）は、2007年11月に決定する。

§3

コンバージェンスの向かう先

『季刊 会計基準』第22号(2008年9月)掲載

今（２００８）年は春先以降、米国証券取引委員会（ＳＥＣ）が米国内企業に国際財務報告基準（ＩＦＲＳ）適用を認めるプロポージング・リリースを近々に公表する＊といわれ、それがどのような内容の文書となるか関係者の耳目を集めてきた。なお、執筆中の今、本稿掲載時（２００８年９月）にＳＥＣのスタンスが明確になっているかは定かではない。

SECの動向

ＳＥＣは、それまで米国で資金調達をする外国企業に米国基準による利益への調整を強制してきたが、２００７年12月のリリースにおいてＩＦＲＳ（正確には各国や地域の権限によって規定の適用関係が変更されていない純粋なＩＦＲＳ）による財務諸表についてはそれを免除することを決め、２００７年11月15日以降終了の決算から適用することとした。その一方、国内企業に対しては、２００７年８月にコンセプト・リリースを公表しており、外国企業同様、米国基準以外にＩＦＲＳの適用を認めるかどうかを広く世に問うていた。コンセプト・リリースに対する反応の一つとして、米国財務会計基準審議会（ＦＡＳＢ）のボブ・ハーズ議長が、国内企業については米国基準とＩＦＲＳの選択を認めるのでなく、将来のある時期を定めて、改善されたＩＦＲＳに基準を置き換えるべきであるという発言をした。その後、ＳＥＣでは円卓会議等で各界の意見を求め、国内企業に対するプロポージング・リリースを公表する準備を進めてきた。このため、米国のみならず、その影響を受けやすい日本においても、選択か、置き換えか、といった憶測が飛び交うこととなった。

コンバージェンスの行き先

日本や米国のように会計基準が相当のレベルに達している国の場合、ＩＦＲＳを国内企業で受け入れるとしてもそれはコンバージェンスが進んでいく先にあると考えられる。その点が、資本市場や会計基準が未発達で、とにかく国際ルールに飛び乗った形を取っておけばよい国とは異なる。この辺の事情は、ＥＵが行っている会計基準のＩＦＲＳとの同等性評価において、日本基準と比べ、書かれた規定の上ではＩＦＲＳにより近い基準があっても、そちらではなく、適用実績等から判断し、日本の会計基準が、米国のそれとともにＩＦＲＳと同等という提案がＥＣから出ていることともつながることである。

米国でも引き続きコンバージェンスの努力を進めていくことはこの時点で明らかである。日本では、企業会計基準委員会（ＡＳＢＪ）が国際会計基準審議会（ＩＡＳＢ）とともに昨（２００７）年８月にいわゆる東京合意を公表して、コンバージェンスの時間軸を明らかにし、それに沿った作業計画を着々と進めてきた。選択を含むＩＦＲＳの適用（adoption）の時期が明確であってもなくても、東京合意における時期を定めた努力が、会計基準開発の中心として基本的には継続されるというのが、この国の会計基準の針路として明確と考える。

連結先行

コンバージェンスを加速化する中、迅速な対応への障害として、国の法制度という制約が挙げられてきた。これを解決する考え方として、「連結先行」＊が打ち出されてきている。

従来、日本では単体財務諸表から連結財務諸表が作り出され、連結特有の処理を除き、連単の処理の一致が求められてきた。私なりに連結先行を解釈すると、このような個別から連結を導くという理念は引き続き生きている一方で、コンバージェンスの達成を急ぐために一時的に連結財務諸表の会計処理が単体財務諸表の会計処理と異なるものが出ても良いというもの、と考えられる。

瞬間々々を見ると、いわゆる連単分離のように見えるが、違っていても放っておけば良いということではなく、あくまで何らかの理由による一時的な乖離と位置付けられよう。

一時的な乖離の理由としては、連結財務諸表が、財務諸表利用者の意思決定のための情報提供機能を果たすものであるのに対し、単体財務諸表は、それに利害調整機能が追加的に加わり、その目的の微妙なズレによって生じる差異ということが考えられるのだろう。

ＡＳＢＪへの期待

フランスやドイツでは、欧州市場で利用される連結財務諸表にＩＦＲＳが強制されることが決定されたとき、単体財務諸表で利用されてきた自国基準とのコンバージェンスは行われておらず、制度的に連単分離が生じたと見られる。これらの国ではその後も、単体財務諸表は自国基準によることを求めているが、自国基準をＩＦＲＳにコンバージェンスする努力がなされ始めていると伝え聞いている。かけ離れた会計基準が並存するのは理解されないのだろう。

連結先行の考え方は、今後国内の会計基準開発の場において、ＡＳＢＪが実行していくことが、おそらく期待されている。とすれば、ＡＳＢＪ委員の間で具体的な適用についての考え方を整理し、かつ、個々の基準において当て嵌めていかなければならない。

市場の期待に応えつつ、制度を破綻させることなく、会計基準の円滑な適用を目指すには、ＡＳＢＪの委員会内外においてコンセンサスを形成することが必要となる局面がさらに増していくだろう。コンセンサスを形成するための努力は惜しまない所存である。

§３を振り返って

チェアマンズ・ボイス第1回となるこの稿の冒頭でＳＥＣの動向に触れている。２００８年11月のロードマップ案公表の基となるＳＥＣのコミッショナー会議の議論がウェブを通じて流れたのは寄稿月（２００８年8月）の下旬である。

季刊誌への執筆機会のなかった２００７年9月からの1年に内外の動きは大きかった。東京合意を基に組み替えられたＡＳＢＪのプロジェクト計画表は２００７年12月に公表され、短期プロジェクトは２００８年までの終了を目指した。改訂棚卸資産会計基準（ＬＩＦＯの廃止）の公表直前であり、年末の企業結合関係の基準改定（持分プーリング法の廃止等）や国内制度対応の四半期会計基準公表に向かって走っていた。

一方で、２００９年の中間報告で表立って登場する「連結先行」という考え方が既に企業会計審議会で議論されていた。

§4

金融危機と会計基準設定のあり方

『季刊 会計基準』第23号（２００８年12月）掲載

はじめに

本稿を執筆中（２００８年11月）において、金融危機対応を巡る動きは依然として流動的である。最も高い政治レベルといえる主要国の首脳、財務大臣等による会合が繰り返し行われている。そのような高レベルの会合において、特定領域の会計問題に踏み込んだ指摘がなされているというのが今回の金融危機対応の特徴である。

金融危機における会計に関する問題意識は、多岐にわたっていると思われ、会計基準設定主体の立場で、軽々に全般的な論評を加えることは難しく、ここでは目の前にあることを記述しておきたい。

まず、現状における企業会計基準委員会（ＡＳＢＪ）における金融危機対応には、⑴実務対応報告第25号「金融資産の時価の算定に関する実務上の取扱い」を２００８年10月16日の公開草案を経て、同10月28日に公表したこと、⑵「債券の保有目的区分の変更に関する当面の取扱い」について同10月28日の論点整理に続き、同11月12日に公開草案として公表し、最終公表に向けた議論を進めていること、の二つがある。

時価の算定

時価の算定については、2008年9月30日に、米国証券取引委員会（SEC）スタッフと米国財務会計基準審議会（FASB）スタッフにより、財務会計基準書（FAS）第157号「公正価値測定」に関する明確化のプレスリリースが公表された。そこでは、レベル1からレベル3まで〈3〉の優先順位を決めた第157号においても「観察可能なインプット（レベル2）よりも観察不能なインプット（レベル3）を用いることが妥当なこともあり得る」ことが明確にされた。

2008年10月10日に公表されたG7財務大臣・中央銀行総裁の行動計画では、各国による共同した作業の下に、「資産の正確な評価と透明性の高い開示、及び質の高い会計基準の一貫した実施が必要である。」とされている。これを踏まえた金融庁の要請を契機として、ASBJはFASBや国際会計基準審議会（IASB）が行った対応に協調できるものについて、検討を開始することとし、まず時価の算定を取り上げることとした。

〈3〉 レベル1は市場価格、レベル2は類似資産の市場価格からの推計、レベル3は評価技法を用いた理論値を指す。

時価の算定について、我が国では、企業会計基準第10号「金融商品に関する会計基準」において金融商品の会計処理及び時価の算定が定められ、市場価格と合理的に算定された価額の区別がある。もともと我が国では、市場価格があっても入手不可能な場合等では合理的に算定された価額を使用できたので、このことを実務対応報告第25号で再確認することとなった。

ＩＡＳＢにおける保有目的区分の変更

ＩＡＳＢでは、２００８年10月13日にＩＡＳ第39号「金融商品：認識及び測定」とＩＦＲＳ第７号「金融商品：開示」を改正する「金融資産の再分類」を公表した。これは、米国で認められる保有金融資産に係る満期保有目的区分への変更〈4〉を国際財務報告基準（ＩＦＲＳ）も認め、米国とレベル・プレーイング・フィールド（level playing field）〈5〉に立つべきとするＥＵからの要請に基づくものと言われる。公表の前日、国際会計基準委員会財団（ＩＡＳＣＦ）のトラスティ会合が行われ、トラスティはボードに対しデュー・プロセスの省略を認め、この改正は公開草案を経ずに成立した。採決において、減損規定が米国と同様でないということやデュー・プロセスを理由として米国からの２名のボードメンバーが反対に廻った。

また、保有目的変更は公表日から遡り２００８年7月1日から適用できることとした。このことについては、意図を理由に可能となる目的変更を後知恵で可能とするという意味で、後出しジャンケンではないかとの批判もあった。

ASBJにおける保有目的区分変更の議論

我が国も共同歩調を取ることから、保有目的区分の変更を検討対象としたものの、満期保有有価証券への目的変更へのニーズが我が国でも高いのか明確にする必要があると考えられた。そこで議論の最初の段階で論点整理を世に問うこととした。これにより、短期間とはいえ2回のコメント機会が作れることとなった。

〈4〉 満期保有有価証券への目的変更は米国で稀な状況で認められるとされているが、実際の適用例は殆ど見られないという見解もある。

〈5〉 この言葉は、基準を合わせるべしという意味ではコンバージェンスと変わらないが、高品質な基準という目標がなく、他基準利用者に比べ、競争上不利にならないよう自由度を増した処理をある基準に求めるときに使われるようである。

論点整理に対するコメントは必要・不要の両意見が対峙することとなった。満期保有の意思がピュアであれば、理論的には途中からの意思であっても否定するのは難しい、その一方で、今回、欧州での議論が芳しくないイメージをもたらしているのでそれを完全に払拭するのは困難とみられた。そこで、今回の対応は応急的なものであり、恒久的な見直しを先に置く*ことで有事対応の危うさを修正できる枠組みを築いた。また、遡り適用による誹りを回避する案も練った。

金融危機と会計基準

今回の金融危機の発生後、国内外において会計基準の直接的な責任を問う意見は殆ど出ていないと思われる。高品質な会計基準がもたらす財務報告は、市場において情報の非対称性を解消する役割を担う。より情報を有する経営者から投資家に適切に情報が流れることが、市場において投資家に自己責任を負わせる前提である。今回の場合、市場に情報が流れたかというとそうではないが、その原因は、例えばサブプライム関連商品などに内在するリスクについて適切な情報伝達がなされず、商品を保有する企業の経営者自身が適切な情報を有していなかったからと見られている。リスクが見え難くなる商品を設計した者やそのようなリスクを十分に把握しきれず巨額の損失を計上することとなった当事国の経営者は原因究明の責任を果たすべきだろう。

世界に広がった金融危機から今後脱していく過程においては、資本市場における信頼回復は避けて通れない。その際、市場における開示の透明性が鍵になる。経営者が信頼性のある情報を入手できたときに、会計基準自体の不備で投資家に伝わらず、市場の信頼回復に手間取るようであってはならない。したがって金融危機対応の名の下に、会計基準が安易に透明性を下げるようなことをしてはならない〈6〉。

一方、ＳＰＥ等の連結範囲の拡大や注記の拡大等透明性を増す要請には、迅速かつ適切に対応していく必要があると考えている。

〈6〉 保有株式の時価会計を凍結するよりも、自己資本比率規制を見直すことで対応するほうがいいという声が強いというのは、会計基準の透明性を踏まえた意見が多いということと考えられる。

§4を振り返って

２００８年9月リーマン・ブラザーズが破綻し、世界の金融は大混乱に陥った。欧米の金融監督者の矛先が会計基準にも向けられ、ＩＡＳＢは金融商品会計基準の緊急改定を行った。２００８年10月上旬日中韓３か国会議で北京にいた私に、国内の当局から連絡が入り、ＩＡＳＢやＦＡＳＢ同様、我が国金融商品会計基準を見直し、会計基準間で危機対応を揃える要請を受けた。我が国でニーズがあるか市場関係者に問うべきと考えられたし、ＩＡＳＢのデュー・プロセス問題がリアルタイムで進行している中で、ＡＳＢＪではあるべきプロセスを念頭に置く必要もある。この稿にある保有目的区分変更の改訂（実務対応報告第26号）は２００８年12月上旬に公表された。

この動きの中、２００８年11月に米国ではＳＥＣから米国企業のＩＦＲＳ適用に関してロードマップ案が公表された。

§5

ＩＦＲＳの適用とコンバージェンス

『季刊 会計基準』第24号（２００９年3月）掲載

はじめに

いきなり私事で恐縮だが、本稿執筆時は、内臓疾患により入院加療の身となった。関係者各位に多大なご迷惑をお掛けすることをこの場をお借りしてお詫びし、暖かい励ましにお礼を申し上げたい。社会に出て以来35年病欠ゼロ、丈夫だけが取り柄であったし、50歳を超えてからは毎年年賀状にフルマラソンの自慢ばかりしていたので今回のことは自分としても想定外であり、周囲にも落差の大きな出来事だったかもしれない。腰を据えて回復に努める所存である。

ロードマップ

企業会計審議会企画調整部会は、我が国における国際財務報告基準（IFRS）の導入に向けたロードマップ案となる「我が国における国際会計基準の取扱いについて（中間報告（案））」を取りまとめ、2009年2月4日、パブリック・コメントに付した。報告案についてのコメントは、逆瀬副委員長が本誌特集にて執筆している。

私たちは、昨（2008）年夏以来早期に方向性を示すことを支持してきたし、そのような声は市場関係者の間でも強かった。今回の中間報告案は、その期待に応えるものとなっている。市場関係者は今後、それぞれの立場から、ＩＦＲＳをその開発過程から適用実態に至るまで多面的に分析し、問題点を洗い出し、対処を考えなければならないが、その論点をこの中間報告案では明確にしている。ＩＦＲＳの適用は、国内会計基準と比べ国の制度との密接な関連が希薄化せざるを得ない中で、どこまで会計実務をコンバージェンスできるかという我が国を含む各国にとって大きな社会的チャレンジでもある。

当面、企業会計基準委員会（ＡＳＢＪ）としては、会計基準のコンバージェンスを通じ、より有用性、透明性の高い会計基準が国際会計基準審議会（ＩＡＳＢ）で開発されていくよう、的確な意見発信を続けていきたいと考えている。

ＩＦＲＳ日本語翻訳版

ここにきてＩＦＲＳの日本語翻訳について、その完全化と英語版ＩＦＲＳと同様の使用が可能となるよう求める声が出ている。

ＩＦＲＳは英語を唯一のオリジナル言語としており、英語圏においては何の問題もないが、非英語圏においては、日本同様の問題が生じている。

非英語への翻訳に関しては、ＩＦＲＳの著作権を有する国際会計基準委員会財団（ＩＡＳＣＦ）が翻訳について確認プロセスを決め、そのプロセスに従ったものが公式的な翻訳となる。その結果、作業が実質的にＩＡＳＣＦの外で行われたものであっても著作権はＩＡＳＣＦに帰属することとなる。

現在、日本語翻訳についてもこの仕組みに乗っており、ＡＳＢＪの作業による翻訳はすべて公式翻訳となっている。今後、このプロセスの運用が厳格化されるとしても、公式翻訳を維持しなければならないことは当然である。

次は実質面であるが、膨大な基準の中で誤訳を免れていない部分があるとすれば、早急に改善を繰り返さなければならない。それには外部者の知見や協力が欠かせないだろう。また、新しい基準が公表されたときに遅滞なく、翻訳が作られるニーズが高まることが予測される。現在は、ＭｏＵ中長期プロジェクトにおいて、日本の基準開発の参考としてＩＦＲＳの論点整理から日本語訳を作り公表するよう作業を進めているが、最終版については、正確性が求められ、ＡＳＢＪあるいは財務会計基準機構（ＦＡＳＦ）においてさらに体制の整備等を図らなければならないものと考えている。勿論、目標は実務に使える翻訳である。

しかし、このことは触れておかざるを得ないが、翻訳がオリジナルと同格になることはないということである。翻訳をオリジナルにするためには、韓国のように翻訳を自国基準にしなければならない。その場合、オリジナルとなった韓国語版を韓国語版ＩＦＲＳというのは正確ではなくて、韓国基準ということになる。

我が国では、ＩＦＲＳをＩＦＲＳとして使うのであるから、究極的にはオリジナルと翻訳がもたらす潜在的な解釈上のリスクは残るのである。

プリンシプル・ベースの下でのダイバージェンス

ＩＦＲＳ適用における最大の懸念は、見えざるダイバージェンス（divergence）である。「見えざる」を正確に言うと投資家に見え難いということで、会計基準が物差しのような単純な計測手段を与えるものでない以上、ＩＦＲＳに限った問題ではないことも確かである。

ただ、プリンシプル・ベースを標榜するＩＦＲＳのもとでは、その懸念がいろいろな角度から提起されてきた。国や地域ごとにローカルな解釈指針を作るべきではない、ＩＦＲＳブランドの厳格化、監査人による判断の重視、これらはすべてＩＦＲＳがプリンシプル・ベースであることとの関連性から出てきている。

昨（２００８）年、ＡＳＢＪが欧州企業の開発費の会計処理を分析したところ、ダイバージェンス的な事態が起きていることは、本誌前号（２００８年12月発行）にて報告している。また、監査人の解釈で最も有名な誤解とされるのが、ＩＦＲＳの連結範囲における実質支配力基準の適用である。大手事務所が支配力基準を結局米国の議決権過半基準と同じ、と解釈していたため、実質支配力基準が実質的に適用されたのは、欧州でＩＦＲＳが強制適用される２００５年以降であったということがある。

ここでは、理念としてのプリンシプル・ベースと実態に分けておいた方がいいかもしれない。理念としてのプリンシプル・ベースに反対する者は少ないであろう。会計基準が物差しや体重計で測れるような単純な測定値ではなく、経営者の判断や見積りが含まれる以上、どこまで詳細なルールを追及しても、それは所詮、いたちごっこのような世界で、有用性という財務報告の大きな目的を見失いがちになることが想定される。

次は、プリンシプル・ベースの実態である。例えば、金融商品の会計基準は極めて詳細である。ヘッジ会計の規定などどう見てもプリンシプル・ベースと思えない。その一方でＩＦＲＳのリース会計は極めてプリンシプル・ベースである。そこには90％や75％らしき数値は見られない。しかし、実務は米国基準と異なる運用が許されているとは思えない。見えざるルールが機能しているということである。

これらは、時間をかけて改善していくしかないと思われる。つまり、基準ごとにプリンシプルといわれるものと、ルールといわれるものとの閾をなるべく揃えておくということである。

これらは幸いというべきかMoUプロジェクトで改善される方向があり得る。金融商品会計基準は簡素化を目指しているし、リース会計は数値のいらない世界が志向されている。監査人が判断するにしてもそれは個々の適用上の判断であって、適切な判断を可能とするだけの明確な基準が必要なことは間違いない。

実務のコンバージェンスという観点からもMoUプロジェクト等、今後数年間のIFRS基準の開発（不要な改正を行わないことを含め）の重要性は極めて大きい。

IFRSの適用を念頭に置いた日本の動きは、ASBJに更なる業務の充実を求めることとなろう。これに関して、中間報告案において、ASBJの人材等の資源あるいは資金的基盤についての積極的なサポートに言及されていることに改めて御礼申し上げる。我々には"Long and Winding Road"が待ち受けている。IFRSが適用されるということだけではなく、それが高品質な会計基準による会計実務のコンバージェンスの深化をもたらすものでなければならないと私達は考えている。

§5を振り返って

この稿の書き出しにあるように、私は、病を得て2008年から2009年にかけての年末年始を病院で過ごした。EU同等性評価において日本基準がIFRSと同等とされ、2008年末に8本の基準等を開発・改訂し、短期コンバージェンスを終了した直後である。年明けに一度退院し、2009年1月末に手術のため再入院するも発熱により延期、2月中旬に再々入院し手術を受けた。手術日がずれ込んでその間にこの稿を執筆し、休載を免れた（代筆は一度もない）。一般的にその病気の予後が悪いことがあり、敢えて病に触れておくことも、万一のときにはよかろうという思いもあった。2009年年始の入院で二つの大学でのセミナーやパネル参加を休み、代役のASBJ常勤委員に迷惑をかけたが、同年1月下旬の再入院前のJICPA全国講演会のパネルには参加している。

§6

財務諸表の表示プロジェクトと包括利益の表示

『季刊　会計基準』第25号（2009年6月）掲載

MoU中長期プロジェクトの行方

本稿掲載時（2009年6月）は、草案であった日本企業への国際財務報告基準（IFRS）導入に関する企業会計審議会の中間報告が確定する前後となろう。中間報告はもともと米国証券取引委員会（SEC）の同様の草案が大きな引き金になったが、米国サイドは政権交代を跨ぎ、金融危機への対応もあって、SECにおける確定の動きが鈍ったと見られる。

日米いずれの方向性もIFRSの上場国内企業への強制適用に関しては、近い将来の決定事項としているが、その将来の時点で、IFRSが高品質な会計基準となっていることを求めることになる。中でも国際会計基準審議会（IASB）と米国財務会計基準審議会（FASB）のMoU中長期プロジェクトの帰趨は、米国とIASBが幅広い会計領域において共通の会計基準を作るという趣旨で行われている共同プロジェクトであるだけに、2011年半ばの完成予定時期に向け、日米欧等の主要市場を有する地域の市場関係者や市場監督者から広く支持を得られるか注目される。

企業会計基準委員会（ASBJ）においては中間報告の中で示される私どもの幅広い活動への期待に適切に対応していく所存である。その中で従前より進めているIASBとの東京合意を踏まえたMoU対応の国内プロジェクトにおいては、IASB/FASBの共同プロジェクトとのコンバージェンスを目指している。10個近くのプロジェクトが同時に進む中、本稿では、財務諸表表示プロジェクトとそこで取り上げられる包括利益に焦点を当ててみたい。

財務諸表の表示プロジェクト

IASBの財務諸表の表示プロジェクトは、MoUプロジェクトになる以前はIASB独自のプロジェクトとして2001年に始められ、開始早々から業績報告における包括利益の表示と当期純利益の表示廃止を暫定合意した。ASBJは包括利益の表示には反対しないものの当期純利益の廃止には強く反対した。MoUプロジェクトとなっても当初の暫定合意は2006年に再確認されたが、MoU中長期プロジェクト全体を2011年半ばまでに完了するという新たな目標をIASBが立てたために、反対の多い当期純利益廃止の議論をやめ、逆に当期純利益の維持と関連するリサイクルの維持が2008年6月に合意された。ASBJの表示廃止反対が日の目を見るのに7年かかったことになる*。

この結果、現在のMoUプロジェクトにおける中心的論点は以下の2点となっている。

(1) 一体性の原則に基づいて財政状態計算書、包括利益計算書、キャッシュ・フロー計算書（以下、CF計算書）が表示されること、

(2) CF計算書が直接法で表示されること

一体性の原則とは、財政状態計算書（貸借対照表の基準上の名称を改めたもの）包括利益計算書（現在の損益計算書のボトムラインが当期純利益であるのに対し、包括利益がボトムラインとなるためこの名称を用いている）及びCF計算書のすべてが、ビジネス（さらに営業と投資）とファイナンシングの区分に分けて表示されることをいう。

後者については、CF計算書と包括利益計算書との詳細な調整表を表示することも求めている。

我が国での議論では、貸借対照表の表示においても一体性を貫く必要があるか（区分が難しいものがあることもありマネジメント・アプローチによる区分を求めている）、特に同じ区分内で資産と負債をネットするように表示すべきか疑問が示されている。認識の中止を必ずしも簡単に認めるものではないという姿勢と比べ、一貫性がないように見えるからである。また、CF計算書の直接法については実務上の困難性が財務諸表作成者側から指摘されているところである。

我が国のアプローチ

ＩＡＳＢは現在の共同プロジェクトの過程でセグメントＡというステップを踏み、セグメントＡは２００７年に完了した。そこでは業績を示す計算書における包括利益の表示が義務付けられた上、包括利益計算書という1計算書方式に加え、当期純利益でいったん計算書を区切る2計算書方式も許容された。つまり、持分変動計算書（我が国の株主資本等変動計算書に相当）の中でその他の包括利益（我が国の評価・換算差額）の変動を示すだけという選択肢が廃止されたものである。

ＡＳＢＪの財務諸表の表示プロジェクトにおいては、現在のＭｏＵプロジェクトの方向性が必ずしも見えない部分があることから、セグメントＡまでに固まり、今回の共同プロジェクトの影響を受けないと見られる論点を先行的に基準化する方向で、論点整理に向けた議論を行っている。それらの論点は次の二つが考えられている。

(1) 業績を示す計算書上での包括利益の表示
(2) 廃止（非継続）事業の区分表示の導入

我が国の金融商品会計基準が導入されたとき、その他有価証券の時価評価差額の資本直入という処理が始まり（為替換算調整勘定も資産負債から資本直入処理となった）、その後正確には純資産直入と呼ぶべき処理となったが、包括利益を表示することによって「直入」という概念はなくなることになる。

包括利益の表示と当期純利益

ＩＦＲＳでは既に包括利益の表示が基準化されているが、適用開始は２００９年からである。ＦＡＳＢは、ＩＡＳＢのセグメントＡが2計算書を許容しているという理由でセグメントＡプロジェクトをパスしたが、その結果、現在のＭｏＵプロジェクトの完了時に1計算書のみとすることを考えているものの、持分変動計算書にその他包括利益の変動を示す実務が米国ではまだ残っている。

つまり、包括利益がボトムラインとして表示されているのは、世界的に当然のように思われているが、包括利益がボトムラインとして義務付けられた財務諸表が本格的に出てくるのはこれからということになる。したがって、その有用性が評価されるのはこれからのことになる。

包括利益の表示自体は、国際的な基準開発上、既定路線と言えるものであるが、当期純利益の維持を主張してきた日本の考え方からすれば包括利益が表示されても当期純利益の重要性が減じることはないという立場である。そこでは二重の利益計算が行われるのであって、異なる概念による二つのボトムライン数値が表示されるものと捉えている。例えば、1株当たり利益の分子は当期純利益が計算の基礎になる〈7〉のであって決して包括利益がその基礎とならないだろう。財務諸表利用者は、包括利益と当期純利益のそれぞれの意味を考慮して企業価値評価その他に利用することになる。

日本の考え方の中では当期純利益の概念が重視されているが、IASBの議論の中では当期純利益を残すことを決めてもそれが概念的に不明確なものという考えを変えていないようである。

二つの利益と他のMoUプロジェクト

他のMoUプロジェクトで包括利益と当期純利益の関係が議論されるものに金融商品の

〈7〉 親会社が子会社株式を少数株主と売買する取引は、子会社株式にとどまる限り資本取引とするのが、IASBとFASBの最新の処理である。もしこのような処理を取るなら、親会社の普通株主の指標である1株当たり利益の分子の計算上は、損益取引に修正されるべきであろう。その点についてASBJはIASB／FASBにその必要性を伝えてある。

測定の簡素化や退職給付会計の見直しがある。

金融商品の測定区分を減らす方向を模索しており、売却可能金融商品（日本ではその他有価証券）の区分をなくすという議論も出ているようである。償却原価と公正価値（その変動は純利益で認識）の二つを残すという案も聞こえてくる。

退職給付債務における数理計算上の差異の遅延認識は、我が国では、現在、包括利益と当期純利益に差異が生じない処理となっている。一方、米国ではＦＡＳ第１５８号によって、遅延認識は損益計算書に残し、貸借対照表では即時認識することとした。この結果、１年償却を選択しない限り当期純利益と包括利益は差異が生じ、従来未認識といわれた部分の変動はその他の包括利益に表示されることとなった。

ＩＡＳＢでは、討議文書公表後、損益計算書でも即時認識という方向性をボードが合意した。この方法では、当期純利益と包括利益に差異が生じない。ＩＦＲＳと米国基準では処理自体に差異があるが、ともに貸借対照表と包括利益は即時認識される（包括利益は貸借対照表に連動するだけのものだから当然であるが）。

ＡＳＢＪでは、ＩＡＳＢに対し、即時認識に関連する表示の是非等の議論を避け、かつ、この段階で米国基準とのコンバージェンス（貸借対照表のみ即時認識を強制する）を優先するという提案をした〈8〉が、それをもってしてもＩＡＳＢボードの考え方は変わらなかった。

即時認識に関連する表示とは、新たに考えられた表示方法で、数理計算上の差異等（年金資産の実際運用収益を含む）に相当する部分を継続事業区分から外し税引後で表示するという案である。ＩＡＳＢがあえて険しい議論を乗り越えようとすると、ＡＳＢＪも難しい判断を迫られることになる。特に現行の遅延認識の処理は、即時認識の選択を包含しているだけに遅延があるべき姿という主張は現行処理擁護には必ずしもならない。

その意味では理屈だけで解決することが難しい領域である。まずは、先方の公開草案の段階で、引き続き、収束の速い処理を推奨することが考えられる。

包括利益が表示されること自体がエポックであるのだから同じタイミングでの他の会計基準の改訂において、包括利益への反映がなされている会計処理について当期純利益の数値に影響を与える会計処理の変更は、売却可能金融資産を含め、なるべくその影響を少なくして市場関係者の混乱を避けるという解決法が考えられて良いと思う。その意味でＩＡＳＢがデュー・プロセスを踏むということを守るのに加え、これまで以上に多数意見を尊重するということを期待したい。

〈8〉 ２００９年４月に私信の形式をとってＩＡＳＢに送付したものである。

§6を振り返って

受けた手術としては最短の退院と執刀医に言われるほどの順調な体力回復で、私は2009年2月末に退院。3月上旬から中旬に連続して開催されたFASB及びIASBとの定期協議に間に合った。それと前後して二つの講演とパネルをこなしたが、講演中に傷が痛み、椅子を用意して貰って途中から座って話をした。

2001年から業績報告プロジェクトとして始まった財務諸表表示プロジェクトは当初当期純利益の表示廃止で日本の市場関係者に大きな懸念を与えたが、2011年までのMoUの完了目標の中で表示廃止は消滅した。次の懸念がここで取り上げた一体性の原則や直接法によるキャッシュ・フロー計算書などであった。これらも手つかずのまま今日に至っている。

金融商品会計基準や退職給付会計基準にノンリサイクルが強制される会計処理が決定することになり、日本の考え方と異なる個別処理が生じようとしていた。

§7

金融商品会計基準の見直し

『季刊 会計基準』第26号（2009年9月）掲載

前季号の拙稿（本書§６）で、「財務諸表の表示プロジェクトと包括利益の表示」を取り上げ、国際会計基準審議会（ＩＡＳＢ）の当該プロジェクトに置いて当期純利益とその他の包括利益（ＯＣＩ）のリサイクル⑼の議論が凍結され維持されることとなった経緯を述べたが、前季号が発刊されたとき（２００９年６月）には、ＩＡＳＢにおける金融商品会計基準の見直しが急速に進み、その見直しの中でリサイクルを行わないという会計処理が本（２００９）年７月に公開草案として示されることとなった。

2008年における動向

金融商品会計基準の見直しは、ＩＡＳＢと米国財務会計基準審議会（ＦＡＳＢ）のＭｏＵ中長期プロジェクトの一つである。既存の金融商品会計基準全般を見直す際、ＩＡＳＢとＦＡＳＢは全面時価会計を長期的な目標としているが、現時点においてはいわゆる混合属性モデルの中で中間的な解決として複雑性の低減を目標に掲げたものである。

たまたま、このプロジェクトが金融危機対応における会計基準の見直し要請と時期を一にしたため、昨（２００８）年以降の金融商品会計基準の修正等を含めて一連の金融危機対応の一環として扱われることとなった。２００８年12月刊行の本誌第23号拙稿（本書

§４）において「金融危機と会計基準設定のあり方」と題して金融商品の会計基準の修正を既に取り上げているので、ごく簡単に整理しておきたい。

金融危機への対応要請は２００８年４月の金融安定化フォーラム〈10〉（ＦＳＦ）の報告書においてＩＡＳＢなどに公正価値評価、ＳＰＥの連結等について取り組みが要請されたことが契機である。その後、２００８年10月のＧ７財務大臣・中央銀行総裁の行動計画では、各国による共同した作業の下に、「資産の正確な評価と透明性の高い開示、及び質の高い会計基準の一貫した実施が必要である。」とされた。

その直後、ＩＡＳＢはＩＡＳ第39号とＩＦＲＳ第７号「金融商品：開示」を改正する「金融資産の再分類」を公表した。当該変更は、米国で認められる保有金融資産に係る満期保有目的区分への変更〈11〉をＩＦＲＳも認め、米国とレベル・プレーイング・フィール

〈9〉その他の包括利益（我が国でいえば純資産直入処理）に含められていた評価差額を対象となる資産等の売却時等に一旦純利益に振り戻す処理をいい、資産売却原価等は、評価差額計上後の時価ではなく、評価差額計上前の金額になる。

〈10〉主要国の財務省、中央銀行、緊急監督当局及び国際通貨基金、バーゼル銀行監督委員会等から構成される国際金融安定のための組織で、２００９年４月に金融安定化ボード（ＦＳＢ）に改組され、常設化された。

〈11〉満期保有有価証券への目的変更は米国で稀な状況で認められるとされているが、米国では実際の適用例は殆ど見られていないという見解もある。ＩＦＲＳでも稀な状況の解釈は示されていない。

ド〈12〉に立つべきとする欧州主要国からの要請に応えたものである。この改正が公開草案を経ずに成立したことや、保有目的区分の変更が公表日から遡り2008年9月のリーマン・ショックを跨ぐ2008年7月1日から適用できることとしたことが批判の対象となった〈13〉。

我が国もG7の行動計画に沿って共同歩調をとるため、ASBJにおいても同様に保有目的区分の変更を検討し、工夫を加えつつ同様の変更を行った〈14〉。

2009年の動向〜金融商品：分類及び測定〜

IASB/FASBは2008年末に金融危機諮問グループ（FCAG）を設置することを決め、ハイレベルな金融関係者を集め自身への提言を求めることとした。2009年4月のG20ロンドン・サミットでは金融商品会計の複雑性を低減すべきという声明を公表した。米国では議会側からSEC、FASBに向け債券の減損への早急な対応が求められた。FASBでは債券の減損理由に関し、信用リスクとその他（流動性リスク等）によるものに分けて、後者によるものについてはOCIとして扱う処理を決めた。これが米国でまだ案の段階から欧州の経済財務相理事会（ECOFIN）はすぐに反応し、IASBに対し米国基準と合わせる対応を要請した。ＩＡＳＢは秋に複雑性の低減に関する公開草案を予定していたことからピース・ミールな対応はしない方針を採った。

その間、ＡＳＢＪでは２００９年５月に金融商品会計の見直しに関する論点整理を公表した。そこでは測定区分〈15〉、保有目的変更（前述の時限措置をどうするか）、減損、ヘッジなどを取り上げている。

〈12〉この言葉は、２００８年10月の英独仏伊の首脳声明に用いられた。コンバージェンスのような高品質な基準を目標とした統一というより、他基準利用者に比べ、競争上不利にならないよう自由度を増した処理をある基準に求める時に使われるようである。

〈13〉満期保有に振り替えた時は振替時の時価を採用するがその時価が下落前のものであったり、保有目的という意図を後知恵で変更することを可能にしたりできることが、デュー・プロセスの省略とともに批判された。

〈14〉ＡＳＢＪでは批判を考慮し、次のような工夫を加えた。①デュー・プロセスを踏まえ、短期間に論点整理、公開草案の２回のコメント機会を作った。②このときの対応は応急的なものであり、目的変更を認める見直しは時限的な措置とし、恒久的な見直しを２０１０年に行うこととした。③２００８年10月１日までの遡及適用の要件として、目的変更の意思決定はその日以前になされていることの立証を求めた。

〈15〉ＡＳＢＪの論点整理では、ＩＡＳＢにおける売却可能金融商品（我が国のその他有価証券が対応）の区分を消滅させる議論をしていることを想定し、いくつかの対応案を示した。

その前後から、ＩＡＳＢの動きが変わることとなる。単一の公開草案を本（２００９）年秋に公表する予定であったものを、測定区分については２００９年7月に、減損については同年秋に、ヘッジ会計については同年内にそれぞれ公開草案を公表することとした。

ＩＦＲＳ公開草案における保有債券等の測定

分類と測定の公開草案の内容は、従来の議論から見れば新しい提案となった。金融商品の測定は、公正価値と償却原価のいずれかとするとともに、償却原価処理ができる要件として、①基本的な貸付金の特徴を有すること及び②契約金利に基づいて管理されていることが求められる。保有株式に償却原価は当てはまらないから、この選択の対象は貸付金、債権、保有債券等の場合となる。従来、満期保有債権を一部でも売却した場合、その後2年間満期保有区分を使用できなくなるとする罰則規定は廃止された。

また、当初測定以降、振替によって測定方法を変更することは禁止された。これにより、批判の対象となった２００８年10月の決定による保有目的区分変更を認める処理も消滅することになる。

この案に関し、保有国債の会計処理で償却原価処理が認められなくなる、或いは一転して認められないものの対象から外れた等、やや断定的な報道が我が国において連続してなされた。会計処理の原則しか記述しない原則主義をとるＩＦＲＳが、詳細なガイドラインを決定するとは思えないが、従来の満期保有に捕らわれる必要はなく、要は償却処理が認められるような管理を行い、その管理が説明可能であればよいということであろう。

ＩＦＲＳ公開草案における保有株式の会計処理

保有株式については公正価値測定のみとするとした上で、公正価値の変動は損益に計上するか、ＯＣＩに計上するかについて、トレーディング目的で保有されているものを除き、経営者が任意に選択できることとしている。任意に選択できるものには従来の「その他有価証券」に含まれたような株式が含まれる。

ただし、その他有価証券とは異なり、ＯＣＩによる処理を選択した場合はその後の売却処理においてもリサイクルしない。従来の評価損益部分をリサイクルしないと同時に売却処理自体もＯＣＩに含める。その帰結として、減損の発生は認識しない他、受取配当の収入もＯＣＩで処理することとしている*。貸借対照表に累積したＯＣＩは対応する保有株式が消滅した時、ＯＣＩ累計額から利益剰余金に直接振り替えられる。

このような処理は、冒頭記載の通り、財務諸表の表示プロジェクトで一旦維持されたリサイクルが実質的に消滅しかねない扱いであり、すべてのＯＣＩは資産等の消滅時等にまず損益にリサイクルすべしというＡＳＢＪの主張とは異なるものである。

分類及び測定については（２００９年）年内にも基準改訂し、２００９年からの遡及的な適用を容認する構えである〈16〉。このように結論を急ぐことによってＦＡＳＢとの対応の違いがこの段階で表面化する状況にある。

ＦＡＳＢの動向

ＦＡＳＢはＩＡＳＢと共同作業を行ってきているので、理屈上は同じ基準に仕上がることになるが、金融商品に関しては、考え方が別れ、どこかの時点で両者が基準の一致を図ろうとしている。ＦＡＳＢの考え方は現段階では公開草案に至っていないが、暫定合意を行っているので略述しておく。

まず償却原価処理されるのは預金や長期借入金等限定的である。債券等は、公正価値によるが、経営者の意図やキャッシュ・フローの性質に基づく要件を満たす場合、償却原価と公正価値の差額をＯＣＩとすることができる。このＯＣＩはリサイクルする。それ以外のすべての金融資産及び金融負債（株式を含む）は、公正価値により、評価差額は損益計上される。単純化して言うと、保有債券について満期保有区分がなくなり、保有株式について「売却可能証券（その他有価証券）の区分」がなくなったような処理案である。

金融機関等から見れば、保有債券の処理は魅力があるが、保有株式は地獄のような処理と言えるかもしれない〈17〉。

意見発信

本誌が刊行される（2009年9月）頃には、2009年9月3日に東京で開催されるIASB／FASBによるラウンドテーブルや（同年）9月7日8日にロンドンで行われるASBJとIASBの定期協議が終わっている頃である。本稿を書き終えたところで、夏休みを挟んで、各界の意見も聴取し、ASBJとしての意見集約コメント文案や上記会合での発言要旨をまとめていくことになる。従前よりASBJが主張しているOCI処理

〈16〉 欧州の要求の中に当期（2009年）から適用が可能となることが含まれていたようである＊。

〈17〉 全面損益処理が持ち合い株式の解消を促す効果があることは認めるものの、直ちにトレーディングと同様な処理に移行することが望ましいとは思えない。

についてプロジェクト横断的な本格的な議論をＩＡＳＢが行う必要があると考える。国内市場関係者に関心が高い受取配当金の損益処理化や、保有非上場株式の公正価値評価の困難性を主張していくことになろう。

ＩＦＲＳの任意適用が始まる中、日本国内では経済界を中心に各界からの意見発信も活発になると見られ、効果的な対外発信を考えていくことになる。

また、米国とＩＦＲＳのいずれかの時点における基準の擦り合わせに関しては、米国の保有株式の会計処理に選択肢が出てこない場合は、将来の不安要因となる。今回の保有株式の評価差額のＯＣＩ処理に関してデイビッド・トゥイーディーＩＡＳＢ議長は日本への配慮をしたと発言しているが、その配慮が米国とＩＦＲＳが擦り合わせるまでの幻になりかねない*からである。その意味では、ＦＡＳＢに対しても定期協議の機会等をとらえて意見を言わなければならないと考える。

§7を振り返って

中間報告が2009年6月末に公表されている。内容は同年2月の案（IFRSの任意適用の開始と強制適用の判断時期とその後のロードマップ）に、強制適用がある場合の適用時期の目安を加えたものとなった。チェアマンズ・ボイスで2012年の強制適用の判断までのASBJの活動について論じるのはもう少し先になる。

ここではMoUとして始まったIASBの金融商品会計プロジェクトが金融危機対応も加わり、世界の耳目を集めていたので取り上げた。金融商品会計基準に関し、FASBとIASBでコンバージェンスを達成すべきという声は世界的に大きかった。取引記録の段階から異なる処理を事後に修正するのはほとんど難しい、という懸念である。

ここで議論されている金融商品会計基準の公表は、IFRS第9号のうち、金融資産の分類と測定の段階である。この後、金融負債の分類と測定、ヘッジ、減損（貸倒に相当）と続き、最終的に既存の会計基準であるIAS第39号を置き換えることまでの網羅性のある完成は、2014年までかかった。欧州の要請とされる早期適用は

２００９年から可能であり、その後の部分的な完成で、どこまでの範囲を早期適用するかも単一ではなかった。結果的に２０１８年の適用開始までの間、早期適用が認められることとなった。これだけ長期の早期適用に混乱があまり聞かれなかったのは、欧州が結果的に長くＩＦＲＳ第９号をエンドースしなかったことによると言えるかもしれない。

文中にある保有株式の会計処理で、受取配当のＯＣＩ処理は最終的に当期損益処理に変わった。公正価値変動のＯＣＩオプションは米国の動向に左右されず維持されたものとなった。

§8

秋の会計外交を一巡して

『季刊 会計基準』第27号（2009年12月）掲載

企業会計基準委員会（ＡＳＢＪ）の代表グループが、２００９年9月から11月にかけ、海外へ出向き、会計基準について主要会計基準設定主体等と意見交換をする場を数多く持った。これらは定例的なものであるが、本稿では、近年重要性を増しているこれらの活動について、ＡＳＢＪの外交の全体像という形で概観しておきたい。

ＩＡＳＢとの定期協議

国際会計基準審議会（ＩＡＳＢ）との定期協議は、２００４年秋コンバージェンスを推進するため当時の斎藤静樹委員長とデイビッド・トゥイーディーＩＡＳＢ議長が合意して、２００５年春の東京会議から開始された。その後春は東京、秋はロンドンと交互に年2回の会合が持たれている。２００７年8月の東京合意は、定期協議によるコンバージェンスのための努力を市場関係者により見えやすい形にするための合意といえる。ＡＳＢＪが短期プロジェクトを２００８年末までに終えたため、本年以降は、ＩＡＳＢと米国財務会計審議会（ＦＡＳＢ）の間のＭｏＵ（覚書）中長期プロジェクトを巡る議論が協議の中心となっている。ＭｏＵプロジェクトの成果が日米においてＩＦＲＳ強制適用〈18〉の判断要素と位置付けられている。

今回は2009年9月7日と8日の1日半行われ、金融商品（分類及び測定）、その他包括利益（OCI）のリサイクリングとノンリサイクリング、負債の測定を個別議題とした。IFRSにはOCIのノンリサイクリングが既に基準に含まれている〈19〉ため、リサイクリングの必要性にはなかなか理解が得られない状況は変わっていない。一方、受取配当金の純利益計上については理解を示した。また、非上場株式の原価評価容認に関しては、公正価値のみとする原案への何らかの対応の必要性について直前のラウンドテーブルよりは踏み込んだ見解が引き出せた。

また、IFRS適用上の解釈について日本での課題に関しては、積極的な対応をトゥイーディー議長が約束した。

次回会議は、2010年4月末に東京で開催される予定となったが、IASB／FASBにおいてMoUプロジェクトが益々急がれる中、今後2、3回の定期協議の重要性が改

〈18〉 2008年11月に公表された米国SECのIFRS適用に関するロードマップ案は本稿執筆時（2009年11月）にまだ最終化されていない＊。

〈19〉 固定資産の再評価や退職給付会計の数理計算上の差異がノンリサイクルとされている。これらは処理自体がオプションであるため、日本基準との対比で問題視されてこなかった。その意味で今回、分類及び測定で示された保有株式の評価損益のOCI処理も選択と言えば言えるが、日本企業ではほとんど避けられない処理であるので、当期純利益の網羅性喪失が問題視された。

めて確認された。

各国会計基準設定主体（ＮＳＳ）会議がフランクフルトで翌（２００９年）９月９日に開催された。この会議は、当初リエゾン国会議として主要８か国会計基準設定主体が参加する会議をＩＡＳＢの主催で行っていたところ、ＩＡＳＢが後述の世界会計基準設定主体（ＷＳＳ）会議を主催することに切り替えたため、各国会計基準設定主体の自主的な開催によるＮＳＳ会議として存続させたものである。参加国も制限を設けないこととしている。自国の上場会社のための会計基準を作らなくなった設定主体が多いため、将来のＩＡＳＢのプロジェクトに資するための会計基準の調査研究等を各設定主体が行った上、議題として挙げることが多い。ＡＳＢＪは社内開発費の欧州での適用状況を継続的に調査している。今回、私は欠席してロンドンに残ったが、ドイツの設定主体がＩＦＲＳの解釈指針的なものを公表し、ＩＡＳＢとしては歓迎しないことが紹介されたと聞いている。

さらに翌（２００９年）９月10日11日の両日、ロンドンでＷＳＳ会合が開かれた。世界中の会計基準設定主体が参加可能となっているものであり、小グループに分かれてのディスカッションが中心となっている。今回は、金融危機対応として、連結及び認識の中止と金融商品をＩＡＳＢ／ＦＡＳＢの議論を前提に小グループのディスカッションを行った。

ＦＡＳＢとの定期協議

ＦＡＳＢとの定期協議は、当時の金融担当大臣と米国証券取引委員会（ＳＥＣ）議長の会合を契機に、２００６年春以来年２回春東京、秋ノーウォークで開催されている。ＩＦＲＳとのコンバージェンスを目指しつつ国内からのニーズにも対応しなければならない立場にある両設定主体の意見交換の場と位置付けられる。

今回は、２００９年10月19日と20日の午前、ノーウォークのＦＡＳＢ会議室において議論を行った。個別の議題は金融商品の分類及び測定等、その他包括利益とリサイクリング、リース会計、負債の測定であった。分類及び測定に関しては、減損等の基準と併せて検討すべき点で意見が一致した。分類及び測定でのＩＡＳＢとのコンバージェンスに関しては、これはＩＡＳＢ側も共通であるが、年内段階でのコンバージェンスは難しいが、来年以降も差異の解消を強く意識していくと見られる。リサイクリングに関しては、ＦＡＳＢは現在のところ放棄する明確な予定は見られなかった。リース会計については、ＩＡＳＢと異なり貸手の処理も行うべきという意見であるが、それによって加重される負担も含め、基準開発に突き進む姿勢であった。非公式の場を含め、ハーズ議長は単一の高品質の会計基準への収斂の重要性を強調していた。

会議後、ハーズ議長と共にニューヨークに移動し、ジャパン・ソサイエティで講演を行ったが、金融危機をめぐる会計基準のあり方や日本のIFRS任意適用の動向等に関し、関心が強いことがわかった。

会議に先立つ2009年10月16日財団遠藤博志常務理事とともにワシントンのSECを訪問しジム・クローカー氏らと意見交換している。ここでもSECから単一の高品質の会計基準への収斂の重要性が強調されたが、2008年11月に公表されたロードマップ案の進展については具体的な見通しは示されなかった。

AOSSG会議

第1回アジア・オセアニア基準設定主体（AOSSG）グループ会合がマレーシアのクアラルンプールで2009年11月4日及び5日に開かれた。参加国及び地域は21に及んだ。またIASB議長ほかこの地域のボード4名、国際会計基準財団（IASCF）トラスティ（島崎憲明氏）が出席した。

この会議の開催を提唱したのは、定期会合を行ってきた日中韓3か国であった。会議の目的は、IASBへアジア等の地域からのインプットを行うこと等にある。主要国が

２００９年４月に北京で準備会合を行い、第１回のマレーシア開催は日本が推したものであった。次回開催国については、日本が立候補準備をしていたが、直前に対抗馬が立候補を表明し、採決となったが、当該国への支持はなく、日本は一部の保留を除き、大多数の支持を得て次回開催国となった。事前の各国への周知等の努力を惜しまなかったＡＳＢＪの加藤　厚、新井武広両委員、丸山顕義専門研究員のほか、各関係者に感謝するものである。

組織運営の基本に関わる覚書（ＭｏＵ）については、必ずしも各国の満足のいくものではなかったが、日本による次回会議での修正提案を前提に合意され、全参加国が署名した。

テクニカルには、金融商品、収益認識、公正価値測定、財務諸表表示の四つのワーキング・グループ（ＷＧ）が会議に先立って議論を進めており、当日は、各ＷＧによる議論の概要説明から始まりＷＧメンバーやＩＡＳＢ関係者への質疑が行われた。ＡＳＢＪがリードしているのは収益プロジェクトで資産の移転の解釈と長期工事の会計のあり方を中心に説明と質疑を行ったが、工事進行基準の適用が制約される可能性については各国から懸念が表明された。

今後は、保険、排出量取引、リース、連結についてのＷＧの追加を目指し、マレーシア主導でイスラム会計が議論されることとなった。

この会議後、夕刻から第9回日中韓3か国会議を開催した。今回は韓国がホスト国で3か国のホストが3巡したところである。この会議は、これまでそれぞれの活動報告、IASBからのオブザーバーとのIFRS適用に関する質疑などを行ってきたが、今回は今後の3か国会議のあり方が問われた。その結果、今後も会議を継続し、AOSSG会合を支える議論や活動を行うことで一致した。次回は日本開催となり、今年同様AOSSG会議に隣接させる予定である。

なお、AOSSG会議期間の公式予定のない食事時間を利用して、日本はシンガポール及びインドとそれぞれ意見交換を行っている。シンガポールに関しては金融立国であっても、会計に関してはアジア的な考えが多く、共通項があることが感じられた。

その他

IASB／FASBは昨年以降MoUプロジェクト等について欧州、北米、アジアの各地域でラウンドテーブルを開催して意見聴取を行っている。ASBJでは2008年12月金融危機対応に関するラウンドテーブルを皮切りに、2009年に入って6月の連結と認識の中止、9月の金融商品―分類及び測定と、アジア地区での開催場所として当方の会議室を提供するとともに、運営上の支援をしてきた。この後、２００９年11月末に公正価値測定のラウンドテーブルも予定されている。日本の声を伝えやすい環境を作っているものであり、積極的な参加をお願いしている。それと共にアジアの関係者にも各国設定主体等を通じて積極的な参加をお願いしているものである。

§8を振り返って

米国ＳＥＣの２００８年11月ロードマップ案は２０１０年２月に最終化されたが、強制適用された場合の具体的なロードマップは削除される一方、２０１１年にＩＦＲＳ適用の判断を行うという予定は残された。

第１回ＡＯＳＳＧ会合が開催され、この頃から会計における意見発信が外交交渉のような形で高い頻度で行われていくことになる。

ＡＯＳＳＧの滑り出しの成功は、初代議長国マレーシアの活躍によるところが大きい。ＭｏＵ案を作り、そこへの署名を通して参加国を明確に位置付けた（アジア・オセアニアが極めて多くの国と地域を抱えていることを再認識した）。加えて主要なプロジェクト毎にワーキンググループを設置した。第１回会合は成功裏に終了し、参加国によるＡＯＳＳＧへの期待が高まることとなる。同時に、この会合で次期議長となったＡＳＢＪにとっては、なるべく早い時期にＡＳＢＪが議長を務めてリーダーシップを発揮していく、というシナリオが順調に回り始めたことになる。

§9

3年間を振り返って

『季刊 会計基準』第28号（2010年3月）掲載

企業会計基準委員会（ＡＳＢＪ）委員の任期は原則３年１区切りである。私は２００７年３月に選任され、同年４月より、委員長を務めているため、本誌が発行される２０１０年３月が３年の任期の区切りとなる。この３月期で委員15名中14名が改選期を迎える。もちろん、それは委員会活動にとっては形式的な区切りにすぎず、実際の業務、特にコンバージェンスの加速化の方向性について、引き続き継続的な作業が求められていることは承知している。その上で、現状を冷静に把握するという意味も込めて、この３年間を振り返ってみたいと思う。

２００７年　東京合意

２００７年４月に委員長に就任し、最初に、仕事の進め方の方針を明確に示したかった。その一端は「中期運営方針」の公表（２００７年６月）で満たされたが、さらに斎藤静樹前委員長の時代からコンバージェンスに向け定期協議を行っていた相手方の国際会計基準審議会（ＩＡＳＢ）との間で、コンバージェンスに係る何らかの方向性が示せれば大きな意味を持つと考えた。ロンドンに飛んでデイビッド・トゥイーディーＩＡＳＢ議長と下交渉をし、合意公表に向けた準備をすることとなった。

トゥイーディー議長がそれ以前から言い続けていたのは日本のコンバージェンスの完了時期を明確にすることであったが、我々の立場は、コンバージェンスは新たな基準ができるたびに必要になるので完了の時期を示すことは難しいというものであった。

当時ＡＳＢＪにとっての課題は、欧州での日本基準の同等性評価をクリアすることにあった。２００５年に欧州証券当局委員会（ＣＥＳＲ）から示された26の補正項目をどう解決するかが喫緊の課題とされていた。合意文書作成に当たっては、それら補正項目に対応するものを短期項目として位置づけ、２００８年中に完了させ、日本がＣＥＳＲに最大の差異だと主張したにもかかわらず、先方が取り上げなかったのれんの償却等をその他の既存の差異項目と位置づけ、２０１１年6月末完了を目指すこととした。

ＩＡＳＢと米国財務会計基準審議会（ＦＡＳＢ）の間で進められていた２００６年の覚書（ＭｏＵ）に基づく中長期プロジェクト等は、その時点での基準の差異ではないため、潜在的な差異について完了時期を示すことはできない。そこでこれらについては、第三の分類として、ＩＦＲＳ適用時に日本において国際的なアプローチが受け入れられるよう両者が緊密に作業を行うとし、コンバージェンスのための協力関係の構築を明らかにした。この部分の合意に至り、東京合意は２００７年8月に日の目を見た。

2008年　短期コンバージェンス完成と同等性評価、SEC ロードマップ案、金融危機

　東京合意とそれに基づくASBJの新たなプロジェクト計画表の公表は、同等性評価にも好影響を与え、日本の姿勢が高く評価されたようである。一方、トゥイーディー議長はIASBとFASBのMoU中長期プロジェクトを2011年6月までに完成させるという前倒しの計画を明らかにした。

　短期プロジェクトの成果として、2007年末公表の工事契約以降、2008年には金融商品の公正価値開示、関連会社の会計方針の統一、資産除去債務、退職給付会計の一部改正（割引率）、棚卸資産評価の改正（後入先出法（LIFO）の廃止）、賃貸等不動産（公正価値開示）、企業結合会計の改正（持分プーリング法の廃止等）と最終公表物を完成させた。

　資産除去債務は、市場関係者の理解を得るのが難しい基準であったが、取得原価主義によって日本的な説明が何とか可能であったのが幸いしたと思う。LIFOの廃止は、議論があり、また、原油価格の高騰の時期と重なったことから、特定の会社への課税上の影響が大きすぎるという問題を抱えていた。幸い、その問題も最終的には何とかクリアされた。

２００８年末には欧州委員会（ＥＣ）は日本の会計基準は米国と並んで、ＩＦＲＳと同等と取り扱うとする規則を公表した。同等性評価自体は、市場規制の問題であり、ＥＣのカウンターパートである金融庁が意見交換を続けていたが、短期項目の完成が、同等性評価の一助となったと考えている。

２００８年夏、米国証券取引委員会（ＳＥＣ）のコミッショナー会議で、米国が将来的に米国基準をＩＦＲＳに置き換える方向性が議論された。その後２００８年11月にドラフトとして公表されたが、日本には大きな影響を与えることとなった。

また、この年はリーマン・ショックなど金融危機が吹き荒れた年でもあった。欧州の要請の影響を受けた２００８年10月のＩＡＳＢのＩＦＲＳ第39号の改訂が、デュー・プロセス上公開草案すらスキップするもので、手続的に批判の対象となった。ＡＳＢＪも同様の改正を行ったが、時間的制約の中で、デュー・プロセスには気を使いながら対応した。

2009年審議会中間報告とMoU中長期プロジェクトへの取り組み

２００９年6月末に企業会計審議会から「我が国における国際会計基準の取扱いに関す

る意見書（中間報告）」が公表された。これは我が国においてＩＦＲＳを上場企業の連結財務諸表に適用する判断時期と導入時期を示したものである。前（２００８）年にドラフトが公表された米国ＳＥＣ案と類似するところのあるものであるが、日本の方が後から議論され、先に最終化された。

中間報告では、コンバージェンスの継続・加速化（そのための連結先行という考え方の利用）、ＩＦＲＳの基準設定プロセスへのより深い関与、ＩＦＲＳの翻訳問題等が示され、これらは、いずれもＡＳＢＪへの期待と受け止めている。これに関連して、その後、ＩＦＲＳ導入に対応する民間の合議体であるＩＦＲＳ対応会議が設置され、ＡＳＢＪも参画している。

短期プロジェクト終了後、残された一部の既存の差異プロジェクトを進めつつ、ＡＳＢＪの取り組みの中心は、この年（２００９年）から、ＭｏＵ中長期プロジェクトに置かれた。これらは、連結（ＳＰＥなどの連結範囲を含む）、財務諸表の表示（包括利益の表示を含む）、収益認識（資産負債アプローチの適用）、負債と資本（区分の見直し）、金融商品（現在の基準の見直し）、認識の中止（見直し）、公正価値測定（測定ガイダンスと開示）、退職給付（数理計算の差異の取扱いを含む）、リース（すべてのリースのオンバランス化）である。

それぞれのプロジェクトにおいて、ＩＡＳＢとＦＡＳＢの議論の動向を注視つつ、様々な形での意見発信を行い、また、日本での議論のために国内における論点整理を数多く公表した。

2010年非上場会社の会計

２０１０年の年が明け、非上場企業の会計の枠組みに関して関係者による懇談会が立ち上げられた。ＡＳＢＪもこの懇談会にメンバー、共同事務局として参画している。この懇談会はＩＦＲＳ対応会議の提言を基に立ち上げられているが、その趣旨は、非上場企業からＩＦＲＳ導入の嵐に巻き込まれたくないという声が強まったためである。

考えられる枠組みは、端的に言えば、日本の会計基準が階層化されるような話であるが、ＡＳＢＪには、国内基準設定主体として、枠組みに理論的裏付けをしつつ、非上場企業に安心感を与えることが求められると考える。懇談会が枠組みをまとめれば、その枠組みにおいてＡＳＢＪが対応すべき課題が増えることが予想されている。

一方、遅れ気味ではあるが２０１１年６月という完成時期を繰り延べていない、ＩＡＳＢとＦＡＳＢのＭｏＵプロジェクトについては、毎月のように先方のボードで新たな提案が次々に示される。その動向を引き続き注視し、ＡＳＢＪとしての意見発信の方向、国内基準の作成手順を練っているところである。

§９を振り返って

２００７年の委員長就任時に、それまで委員を2期務めた私は、最大連続３期（9年）という委員任期により、委員長を3年務めるものと認識していた。変化の切掛けは２００８年12月のＦＡＳＦの定款変更であった。これはＦＡＳＦが公益財団化のために行ったものであったが、合わせて常勤委員の延長任期規定とＡＳＢＪ委員長の理事会による選任が変更点となった。延長任期については、事業の継続性に支障がないように、というのが理由であった。そのとき延長任期が3年でなく、2年（最大2期4年）となった理由は聞いていない。ともあれ、延長任期2年が間もなく始まろうとしていた時期である。

ＡＳＢＪはＭｏＵプロジェクトのすべてに対応できる体制を整え国内での意見集約も行っていた。また非上場企業の会計基準の整備もＩＦＲＳとの関連で生じていることがわかる。

§10

ＡＳＢＪの進路

『季刊 会計基準』第29号（２０１０年6月）掲載

はしがき

２０１０年４月から企業会計基準委員会（ＡＳＢＪ）の新委員による新たな任期がスタートした。私自身でいえば委員長任期の２期目に入ったことになる。今回の委員構成の特徴として、委員総数が15名から11名に減少する一方で、常勤委員が４名から５名に増加したことがある。かつて、常勤委員が２名だった時代を経験してきた私には、隔世の感がある。実質２名だった時代も含めれば、この委員会の歴史の半分は常勤委員２名体制であった。今回の決定は、委員会活動が、委員会という議論の場から、国際国内を含む対外活動に踏み出したことを反映しているものと思われる。常勤委員の活動が広がることを受けて、加藤　厚、新井武広両常勤委員にそれぞれ、国際担当、広報担当の副委員長をお願いしたところである。

さて、本稿は、我が国が国際財務報告基準（ＩＦＲＳ）を上場企業の連結財務諸表に強制適用するか意思決定を行う２０１２年頃までの当委員会の活動についての私見を明らかにするものである。一方で、当委員会は、過去2回の委員改選後に中期運営方針を公表して、任期中の活動指針としてきたが、今回も、本稿掲載号が刊行される前後（２０１０年６月中旬）に新たな中期運営方針を公表すべく内部の議論を開始したところである。したがって、本稿の見解の一部は中期運営方針と重なるところがあるかもしれない。

東京合意に基づくコンバージェンスの完了に向けて

２０１１年６月はデイビッド・トゥイーディー国際会計基準審議会（ＩＡＳＢ）議長の任期満了時であるとともに、ＩＡＳＢと米国財務会計基準審議会（ＦＡＳＢ）のＭｏＵコンバージェンス・プロジェクトが完了するタイミングである。

東京合意におけるコンバージェンスにおいて明示的に示された最終年次も２０１１年６月までの既存の差異プロジェクトの完了である。ＭｏＵプロジェクトのような東京合意以降に生ずることが見込まれていた新たな差異については、「これらの残りの分野における日本基準とIFRSとのコンバージェンスという最終目標を達成するために、両者は、新たな基準が適用となる際に日本において国際的なアプローチが受け入れられるように、緊密に作業を行う」としている。本（２０１０）年４月に公表したＡＳＢＪの最新の作業計画では、ＭｏＵプロジェクトについて、ＩＡＳＢがＦＡＳＢとの共同プロジェクトを完成する２０１１年６月を、いくつかの基準の公開草案の目標時期と位置付けている。この間に、ＩＡＳＢとの共同会議、論点整理、公開草案へのコメントレター等を通じ、ＩＦＲＳ

をより高品質なものとする観点から意見発信を行い、また、日本で受け入れ可能なものとなるように取り組む所存である。

アジア、オセアニア地域としての発信力強化

我が国をはじめアジア、オセアニア地域の諸国では、今後、ＩＦＲＳの採用が加速化すると考えられ、ＩＦＲＳに関し、米欧と並ぶ意見発信力を持たなければならない。この地域では、昨年２００９年に第１回のアジア・オセアニア会計基準設定主体グループ（ＡＯＳＳＧ）会合をマレーシアで開催したが、第２回の会合は本（２０１０）年９月に東京で開催予定である。議長国としてこの会議を成功に導き、この地域での意見発信において、中心的役割を担っていきたい。

また、アジア・オセアニア地区でリーダーシップを発揮するため、各国の会計基準設定主体との関係を密にすることが重要と考えられる。従来の日中韓３か国の会計基準設定主体の会議に加え、本（２０１０）年７月には日本とインドがそれぞれの資本市場におけるＩＦＲＳの利用という立場から利用者、監査人、市場監督者を含めた包括的なフォーラムを開催することとなっている。それと関連して当委員会はインドの会計基準設定主体とダ

イアローグを開始する予定であり、アジア・オセアニア地区のその他の国の会計基準設定主体とも交流をより深めていきたい。

国内活動の広がり

２００９年7月に民間でＩＦＲＳの我が国への導入を推進するためのＩＦＲＳ対応会議が発足しており、当委員会も積極的に参画している。同会議及びその傘下にある国際対応委員会の事務局としての活動を行い、また、翻訳委員会、広報委員会等においても当委員会委員等が中心的な役割を担っている。今後益々その必要性が増すであろう。

ＩＦＲＳ対応会議の提言を踏まえて本（２０１０）年3月より開始された「非上場会社の会計基準に関する懇談会」において、当委員会は、日本商工会議所、日本税理士会連合会、日本公認会計士協会、日本経済団体連合会とともに共同事務局として懇談会の運営事務や資料作成を担っている。懇談会の出した提言に基づくことになろうが、当委員会としては、ＩＦＲＳ適用外の監査対象企業の会計基準の開発を行うとともに、諸外国の取組みなどを参考に、中小企業の基準（指針）の開発＊にも積極的に関与していきたいと考えている。

ＩＦＲＳの任意適用に関して持ち上がっているＩＦＲＳの解釈など実務上の問題に関しては、当委員会に昨（２００９）年10月にＩＦＲＳ実務対応グループを創設し、日本経済団体連合会と日本公認会計士協会が共同事務局となっているＩＦＲＳ導入準備タスクフォースで抽出された問題点につき、ＩＡＳＢと解釈に関する協議を行っている。この業務も、当委員会の重要な業務の一つとして位置付けて取り組むこととしている。

当委員会の将来の在り方の研究

仮に２０１２年に我が国においてＩＦＲＳの強制適用の決定がなされた場合、その後の当委員会の活動が大きく変容することが想定される。日本の開示制度で中心的役割を担うこととなるＩＦＲＳに関連したものにより重点を置いていくことになると考えられる。既に諸外国では、会計基準を開発しない会計基準設定主体が増えており、それぞれの国や地域においてその存在意義を認められている。我が国においても、当委員会の役割を明確にしていく必要があるが、ＩＦＲＳの強制適用の判断が行われる２０１２年までの間に当委員会自身がそのあり方を研究していくことが必要と考えている。

将来の活動は大きく、日本の会計制度全般への関与に関するものと、ＩＦＲＳに関連するものの二つに分けられるであろう。

前者は、上場会社の個別財務諸表、その他の監査対象会社の財務諸表に用いられる会計基準の開発、非監査対象会社の基準（指針）開発への積極的な関与などのほか、企業会計にとどまらない幅広い会計基準の研究などもアジェンダの候補となりうる。

後者に関しては、アジア・オセアニアにおける中心的役割を担うこと、ＩＡＳＢの基準開発においての一定の役割（研究プロジェクト等）を担うこと、ＩＦＲＳの基準開発への積極的な意見発信、ＩＦＲＳの国内での解釈に関する一定の役割、ＩＦＲＳの国内での指定に関する一定の役割などが考えられる。これらの活動の前提として国内外の関係者の理解、支援、連携が必要となろう。

特に後者に関しては、今と状況が変わっていることも考えられるから、実際にはもう少し時間が経たなければ具体的な活動は明確にはできないであろう。例えば、日本への招致活動中のサテライト・オフィスの帰趨、解釈の在り方の動向（特に米国ＳＥＣがどう考えるか等）など、この段階では明らかではない。したがって、研究を進める期間の中で、具体的な対応が明確になっていくこととなろう。

最後となったが、大きな環境変化が予想される今後数年、当委員会は、会計基準を巡る諸課題に主体的かつ積極的に取り組む所存である。

§10を振り返って

委員の改選時期に中期運営方針を公表することが慣行化していた。この稿のすぐ後の2010年6月に公表されている。このときの運営方針は従前は3年間の方針であったが、2010年から12年という2年間の活動に絞っている。この稿では議論中のASBJの活動のあり方に触れている。目の前にある問題を解決しつつ、この2年間にASBJの将来のあり方も考えていく、という方向を示している。

目の前にある問題には、非上場会社の会計のあり方の議論への参画や、IFRS任意適用企業の実務上の問題への対応がある。中小企業がIFRSの影響を遮断したいと望むことはある意味自然に思えるし、IFRSの適用は基本的には広く利害関係者がいて、説明責任の大きな会社の問題ということができた。

実務上の課題は、解釈権限がIASB或いはIFRICにしかない中で、その連携を含め、できる活動を行うという方向であった。

§11

連結先行の進め方

『季刊 会計基準』第30号（2010年9月）掲載

本誌が読者の手元に届くころ（２０１０年9月中旬）には、企業会計基準委員会（ＡＳＢＪ）の個々のプロジェクトにおいて連結先行のあてはめの議論が活発になり始めるころと思われる。本稿において、連結先行の議論の経緯、ＡＳＢＪの中でどのように議論されてきたかを振り返り、今後の議論のために整理をしておきたい。

連結先行の考え方

連結先行の考え方は、２００９年6月に企業会計審議会から公表された「我が国における国際会計基準の取扱いについて（中間報告）」において、明示的に示された。その考え方は、連結財務諸表と単体財務諸表における会計処理は、連結のための修正（投資と資本の消去や内部取引と未実現利益の消去等）を除いて基本的に一致するものであるが、その厳格な適用を一時的に緩め、ＡＳＢＪがコンバージェンスを加速継続するにあたって、単体財務諸表にはすぐにはコンバージェンスしにくい処理もあるだろうから、コンバージェンスが急がれる環境下で、連結でのコンバージェンスを優先して進めるという考え方と理解している。単体財務諸表においてコンバージェンスしにくい処理とは、既存の日本基準の処理が実務に定着し、日本の慣行、制度との関係においても安定しているものが考えられる。その意味で、連結先行は、連単で会計の理屈の違いを対峙させるものと位置付けない方がいいと思う。

連結先行の考え方を個々の会計処理に取り入れて基準開発を行うと、そこでの事象は、ある一時点をとれば連単分離と同じように見える。しかし、それは一時的なズレであるから、長い目で見れば連単一致すべきものといえる。ただ、例えば、連単の差異の年限を明示的に区切った場合のみ連結先行を認めるという枠組みとすると、融通が聞かず、結局、コンバージェンスの加速に役立てるという所期の目的にそぐわなくなる場合も生じよう。ダイナミック・アプローチなどの言い方も使いやすさを前面に出すために生み出されたものと思われる。

どういう基準にどういう連結先行を行うかは、国内会計基準に携わるＡＳＢＪが判断することとなる。会計基準を開発するプロセスそのものに連結先行がはいる以上、それが自然な考えであろう。

連結先行の先例

連結先行の考え方が示されてからその適用例はまだないということになっている。包括利益の単体財務諸表での表示について1年を目途に判断を留保したのは、連結先行とは考えていない。単体についての結論が出ていないだけという位置付けである。勿論、結論の先送りを戦略的に利用していくというのもなくはないが、ここでいう連結先行は連単ともに結論が出た上で差異があることを言う。

実際には、連結先行に似た先例はある。ただ、この時は連結先行という考え方が認知されていなかったために、連結先行ではなく、別の説明によって差異を設けた。

それは、株式を段階取得によって子会社となった時の会計処理＊である。連結については、コンバージェンスの観点から、それ以前から保有していた株式を含め、子会社になった時点の時価ですべての保有株を評価し、資本連結仕訳に用いる。これに対し、単体では株式購入時点の原価の積上げという従来の処理としている。連結は、子会社という異なる状況になった時点ですべての保有株式を時価で評価し直すのに対し、単体は実際の取得という事実を忠実に追いかけるという考え方である（子会社株式を一部売却して子会社でなくなった場合の保有株式の処理は、現在検討中の企業結合ステップ2において、上記と裏返しの会計処理にすることが考えられる＊）。

段階取得は、連結先行という明確な観念がない中での連単差異であり、連結先行と位置付けるべきという意見もあり得ようが、本文の結論を変えない中で、既に説明済みのことを書きかえるまでのことはしにくいところである。

包括利益会計基準

私どもＡＳＢＪの包括利益会計基準の開発において、２００９年12月の公開草案段階では、包括利益の表示は、委員の意思確認による暫定合意を経て、連単同様に表示することとなっていた。これは、今回の議論は、これまで資本直入（正確には純資産直入）として、株主資本等変動計算書において示してきた評価換算差額（その他の包括利益の累計額）の変動（当期のその他の包括利益の発生消滅額）を、損益計算書の当期純利益に続く項目として表示し、その結果、包括利益をボトムラインとして表示しようという試みであって、この新たな表示方法と、当期純利益と包括利益の有用性の議論とは、別個のものと考えていた。表示だけの問題は、連結先行をあてはめるものではないと考えられた。

しかし、２０１０年３月に最終議決が近づいた段階で、包括利益を単体財務諸表に表示することへの反対論、或いはこの段階でそれを決めることへの反対論が湧きおこった。この段階とは、包括利益の考え方が我が国で明らかとなっていない段階という趣旨であろう。おそらく当期純利益の有用性を低く見せる表示への反対という主張とも見える。連結はコンバージェンスするとしても、単体財務諸表の意義が明確にならない限り、単体において包括利益を表示するという、結論を出すべきではないという意見があった。その主張者に言わせると、包括利益の単体表示問題は、連結先行の議論の1丁目1番地ということになる。

結果的に、2010年3月の最終議決を断念し、単体での表示の議論を解決するために、連結先行に関する検討会を設置することとなった。

連結先行検討会

「上場会社の個別財務諸表の取扱い（連結先行の考え方）に関する検討会」と題し、ASBJでは、委員に加え、財務諸表作成者、利用者から若干名を加え、非公開で2010年4月から5月にかけ、4回の意見交換を行った。そこでは、包括利益会計基準を含む六つのケースを想定して連結先行のあてはめに関する意見交換をした。それぞれについて、連結先行をした場合、しない場合の懸念を上げ、それらを比較した（後述する企業会計審議会では、連と単を一致ないし分離することに伴うコスト・ベネフィットを考慮するとしたが、これは検討会の懸念と同じ見方と考えられる）。

また、連結先行とした場合の単体は、連単一致処理を任意に認めるべきかといった追加論点についても議論を行った。包括利益会計基準に関しては、単体の会計処理について1年を目途に結論を先送りし、判断を留保する方向性が浮上した。

しかし、検討会でこのような議論に入る前に、連結先行の前提として、連結財務諸表と単体はどう違うか、特に制度的に、金融商品取引法上、単体財務諸表はどう位置付けられるべきか明確でないと、連結先行の結論を出していくことができないという意見が作成者から出た。その意見には、制度的な議論を含むことから、企業会計審議会にその後の議論の場を移すこととなった。

企業会計審議会

企業会計審議会は、連結先行を巡って、2010年6月から8月にかけ3回の議論を行った。ＡＳＢＪでは、検討会で取り上げた個々のケースでの検討を題材として2010

年6月の最初の議論のテーブルに載せたが、審議会は、個々の連結先行についての判断の方向性を出す場ではないということはASBJ以外の委員にも共有されていたと考える。

最終的に安藤英義企業会計審議会会長の会長発言によってまとめられているが、そこでは、単体開示の簡素化の方向やIFRSの任意適用問題への今後の取り組みを示しつつ、連結先行は基準策定のプロセスとしてASBJが行うとしている。また、産業界等のステークホルダーの声を反映すべきとの意見が紹介されているが、これに対しては、私の方から作成者、利用者、監査人等の関係者の意見を十分聞くことはもっとも重要であり、参考意見を積極的に聞きたい、同時に基準設定主体は厳格な独立性が求められるので、最終的な判断は委員会で的確に行っていく旨を発言した。その後、財務会計基準機構（FASF）萩原敏孝理事長から産業界を含む各ステークホルダーによるバックアップ強化のための方策を検討する発言*がなされている。

今後の展望

国際会計基準審議会（IASB）は2008年秋に、金融危機に関連して一切のデュー・プロセスを省略して基準改定を行い、相当の非難を世界各地から受けた。その後、

ＩＡＳＢと米国財務会計基準審議会（ＦＡＳＢ）は、金融商品に関連して金融危機諮問グループ（ＦＣＡＧ）というハイレベルな諮問グループを設置し、また、各基準ごとに各地でラウンド・テーブルその他のアウトリーチ活動を行うようになっている。そのような活動は一定の評価を得ているものと考える。今後、ＡＳＢＪが行う基準作りが難しくなればなるほど、関係者の意見が重要となろう。連結先行は、純粋に会計の理屈で結論が出せるものでもないので、関係者の意見を参考に、連結先行の根拠に幅広く納得感が得られるものにすることが必要と考える。

§11を振り返って

中間報告から1年、連結先行が個別基準の開発においてうまく消化できない状態が続いていた。文中で連結先行の考え方が出る前に起きた段階取得の会計処理の連単の違いを挙げている。3年後の2013年の改訂（企業結合ステップ2）において、支配喪失の会計処理を段階取得と対称的な処理にすべきという声が高まらず、さりとて一度決めた段階取得を元に戻す声も高まらず、支配喪失の議論は取り下げられた。

連結先行検討会は幅広く市場関係者の声を聴くための実務家レベルのアドバイザリー・グループである。ここでの意見集約でも前に進めないのであれば、意見聴取のさらなるパワーアップが必要ということになる。財団としてのバックアップ体制に関する萩原敏孝理事長の企業会計審議会での発言はこの後設置される単体財務諸表に関する検討会議のようなハイレベルなアドバイザリー会議の創設を念頭に置いたものである。

§12

第2回AOSSG会議の周辺で

『季刊 会計基準』第31号（2010年12月）掲載

第2回ＡＯＳＳＧ（アジア・オセアニア会計基準設定主体グループ）会議が２０１０年9月29日及び30日、東京秋葉原コンベンション・ホールで行われ、成功裏に終了した。ここでは、会議を巡る背景を可能な範囲で記述しておきたい。

議長諮問委員会

今回、ＡＯＳＳＧ会議直後に公表されたプレスリリースをご覧になった方は、議長諮問委員会（chairman's advisory committee）という新しい組織に注目したかもしれない。実はこの組織の組成は、後述の準備会合以来話題に上がっていたものである。ＡＯＳＳＧを運営していくにあたり、この地域のリーダー的な国が意見をまとめる場（当時の日本案ではステアリング・コミッティーと呼んだ）を作り、全体を引っ張っていく必要があるというのは、日本がＡＯＳＳＧ発足前から主張していたことであった。日本はＡＯＳＳＧが円滑に運営されるとともに、世界に向けて存在意義を示すことができるよう現実的な意見を展開したが、このような内部機関の存在が、一般のＡＯＳＳＧ参加国のモチベーションを下げるという設置に慎重な意見もあり、コンセンサスを得るには至らなかった。第1回会議のＭｏＵ原案には含まれず、同会議ではいくつかの国が日本と同様の主張をしたが、原案を変えるに至らず、この一年間ASBJ内で改訂のための議論を続けていた。

第2回AOSSG会議のMoU改正のための日本の当初案で、名称を支援委員会と変えてみた。地域のリーダーというより、AOSSGという組織を支えるボランティア的な機関という表現にして一般の参加国のモチベーションに配慮したものであった。

ファウンダー国による電話会議の結果、議長諮問委員会に再度名称変更することとなった。ファウンダー国とは、2009年春に北京でのAOSSG会議の準備会合に参加した日本、中国、韓国、オーストラリア、マレーシア、シンガポールの6か国*を指す。ASBJの原案はこのファウンダー国が議長諮問委員会の構成メンバーになるというものであった。

第2回AOSSG会議の前日（2010年9月28日）に設けたファウンダー国による非公式会議*で意見を聞いてみると、結局のところ、組成への慎重論も含め、構成メンバーをどうするかに帰着することが見えてきた。メンバーを追加するという案や諮問委員会自体をMoUに含めず非公式化する案も議論されたが、ファウンダー国を構成メンバーとするという当初案を、既に参加国に事前送付していたので、当初案で会議に臨み、会議の中で弾力的に対応することとした。

最終的には、会議において、構成メンバーをMoUで決めず、議長・副議長国が指名することに落ち着き、議長諮問委員会を正規に設置することとなった。ＡＯＳＳＧ会議のその後のアジェンダで、ＡＯＳＳＧがワーキング・グループでは迅速に対応できない事案について、議長諮問委員会の必要性が大いに認識された。

台湾加盟の準備

台湾が国際的にどのように扱われているかまず確認しておきたい。1971年、国際連合において中国を代表するものが、中華民国から中華人民共和国に変わり、台湾が国連から排除されたことが日本人には極めて印象的であったと思われる。その後も政治的な国際会合には参加していないと思われる。

しかし、他の分野の国際会合に参加していないかというとそうではなく、経済、ビジネスに関わる国際会議体には相当程度参加している。例えば、証券監督者国際機構（ＩＯＳＣＯ）、国際会計士連盟（ＩＦＡＣ）などには正式メンバーとして参加している。国際会計基準審議会（ＩＡＳＢ）の主催する世界基準設定主体（ＷＳＳ）会議や、各国基準設定主体の自主的な国際会議体である各国会計基準設定主体（ＮＳＳ）会議にも参加している。

これらのことからみて、アジア・オセアニア地域の国または地域にオープンな参加を呼び掛けるＡＯＳＳＧの立場として台湾の参加を求めることは当然と言えた。当時の議長国から本件を引き継いだＡＳＢＪは主催者として台湾参加の条件整備を行った。

まず、ＭｏＵにある参加資格は、「アジア・オセアニア地域にある国または地域の会計基準設定主体」であるが、英文でその後ろに「国連によってそのようにリストされた（国または地域）」という形容が続く。国連のリストが世界の加盟国を地域分けしているので、アジア・オセアニア地域という区分に多くの国や地域がリストされている。アジア・オセアニア地域といったときにどこまでを指すかがこれで明確になるということで、北京の準備会合でこの考えを取り入れたものである。この結果、国連に加盟していない台湾がリストされておらず、そもそもＭｏＵ上参加資格がないのではないかという疑義が生じてしまう結果を招いていた。そこで、地域の画定という所期の目的は既に当初のＭｏＵで達成されているとして上記の規定の後段を削除することに同意を貰った。

また、第2回会議の準備段階で台湾の意欲を伝え聞いたある国が、新規メンバーについて、既存メンバーの3分の2以上の承認を要する条項の追加を求めてきた。当初ファウンダー国間ではオープンの精神に反すると反対もあったが、オープンな参加という精神は変わらず、形式要件としてこの条項を受け入れることとした。

あまり熱心にこの件を進めて中国が反発して参加しないと言いだすのではないかという

懸念が内外から示された*。中国は台湾参加に賛成する意向があるものの、中国と台湾の合意手続が先決という姿勢を示した。開催側としては、今後、中国と台湾が合意を急ぎ早期に解決するという前提の下、今回に関しては台湾の参加を断念し、関係者の今後の努力に委ねることとした。

なお、台湾の設定主体である財務会計準則委員会張仲岳委員長とは、2010年10月1日初めての二者による意見交換の会議を開き、今後も随時意見交換を行うこととした。

次回開催国

第1回AOSSG会議（マレーシア、クアラルンプール）において日本が次回開催国に選ばれたとき、開催前には次回開催に立候補すると見られたのは、日本だけであった。日本は主要国の支持を取り付けており、準備を整えてマレーシア会議に臨んだ。対抗馬はいないものと想定されたが、当日、他の国が立候補をした。

日本とその国は立候補の趣旨説明をしたが、加えて、他の国がいくつかの意見を述べた。それは、直接的な日本支持もあれば、地域の中でマレーシアは南に属するから次は北がいいといった婉曲な日本支持発言も含まれていた。この意見交換に相当時間を割いた上で、挙手による決定で日本が開催地に選ばれた。

そのような経験がある中で、今回経済的に発展中の国が早めに立候補を表明、会議の2週間ほど前にオーストラリアが立候補を表明した。AOSSG会議前日のファウンダー国会議終了時には経済発展国が意思表明に現れた。

どちらも地域の有力国であり、ASBJとしてどちらとも友好関係があるため、片方を支持しなければならない状況は厳しかった。この辺りについて、急ぎ、財団の萩原敏孝理事長とも相談をし、投票にあたって難しい立場となるのは日本だけではないことから書面投票で決着するという案を貰った。

この書面投票は、各国が投票行動を見られることなく意思決定できたということに加え、議事の円滑な運営にも寄与した。当日は、立候補2か国の主催希望理由と議長国になったときの抱負をそれぞれ述べるのに続き、直ちに投票に移ることができた。

前回同様応援演説が始まった場合、今回は特に、両者のこれまでの貢献の差などを演説する意欲のあった国があって、水かけ論的な応酬で相当時間を要したはずであり、また気まずさも残すこととなった可能性が高い。

そういう点で、書面投票は良かったが、1年前の年次会議で次回開催国を決める仕組みがよいかどうかは別問題と思える。この会議の開催には相当の資金が必要であり、その目途をつけるために国内の支持を幅広く取り付けてから立候補をするとなると、引くに引けない状況ができて、禍根を残しやすい。例えば、予算措置を早めに取って前年から積立計上したいというときなどはもう1年早く開催地が決まっている必要があろう。或いは未開催主要国間で暫定的に順番を決めてしまうことも考えられる。この辺りの決め方については、これから議論する余地がある。

§12を振り返って

ＡＯＳＳＧの設立会合（クアラルンプール）以後の１年は、地域の設定主体が見識と行動力を示した１年であった。第２回会合前日にファウンダー国の非公式会合で議長諮問委員会（ＣＡＣ）の立上げの了解を取り付けた。準備会合参加国として文中にある６か国以外にＣＡＣ構成メンバーとなったのは香港とインドである。

中国との関係悪化に関しては、２０１２年９月の尖閣諸島国有化を契機とするものが強い記憶となっているが、その前に２０１０年９月初めの中国漁船による海上保安庁巡視船への衝突事件があった。日中の会議が軒並み中止されており、新聞を見る限りは日本の出席した会議に中国がすべて欠席しているように映った。しかし、２０１０年９月末のＡＯＳＳＧ東京会議への中国の参加については事前に確認をしており心配していなかった。残念なのは、台湾の参加について最後にうまくいかなかったことである。

書面投票の知恵を戴いた萩原敏孝ＦＡＳＦ理事長からは在任中、単体財務諸表に関する検討会議によって基準を前に進めることができたことを一例として難しい局面でいつもサポートを戴いた。海外の要人（ＩＡＳＢやＦＡＳＢ歴代議長のほか、ザルム、スキオッパ、プラダのＩＦＲＳ財団歴代議長や中国の王軍氏など）に対して、日本の貢献や友好を説く氏の姿には説得力があった。

§13

ＡＳＢＪの基準開発の取組みとプロジェクト計画

『季刊　会計基準』第32号（２０１１年3月）掲載

はじめに

国際財務報告基準（ＩＦＲＳ）の適用を巡っては、解釈問題といったＩＦＲＳの適用そのものに関わるものから、我が国中小企業のための指針の作成といった周辺環境の整備に係る領域まで、幅広い領域にわたる対応が進められているが、企業会計基準委員会（ＡＳＢＪ）はそれらに積極的に関わることとしている。その中で、本来の業務であるコンバージェンスを進める国内基準開発も、２０１２年頃の意思決定に関連性を持つものとされている。ここでは、主としてコンバージェンスに関わるＡＳＢＪの基準開発が、２０１１年から先、当面どう進むかを展望してみたい。

ＡＳＢＪでは２０１０年12月にプロジェクト計画表の見直しを行ったが、これは同年９月に公表した計画表のうち、２０１０年末までに終わらせることができなかったプロジェクトについて２０１１年第１四半期にずれこませ、その他現実的でなくなった箇所に、若干の修正を加えたという内容であった。このため、国際会計基準審議会（ＩＡＳＢ）と米国財務会計基準審議会（ＦＡＳＢ）の議論等次第で、さらに日程の後ろずらしなどの見直しが２０１１年央前後に必要となるかもしれない。

既存の差異に関連するプロジェクト項目

計画表では、コンバージェンス項目が、既存の差異に関連するプロジェクト項目、MoUに関連するプロジェクト項目、MoU以外に関連するプロジェクト項目に大別される。既存の差異における企業結合（ステップ2）と無形資産の二つのプロジェクトは、東京合意において、2011年6月末を目標期日としている。東京合意における目標期日は、これまで日本基準のEU同等性評価に貢献するなど、国際公約の意味を持って今日に至っているものである。上記のそれぞれの基準において、社内開発費の資産計上の可否、のれんの非償却の可否を決定する必要がある。これらについては、結論が連結先行をとるかはともかく、連結先行の要否の議論は欠かせない。財務会計基準機構（FASF）内に設置された単体財務諸表に関する検討会議での議論を十分に斟酌して、ASBJとして結論付ける予定である。

計画表には取り上げていないものに、包括利益会計基準の改正（再確定）がある。2010年6月公表の基準では、連結財務諸表において、2011年3月期末以降、1計算書或いは2計算書の形式で包括利益を表示することを求めた。その一方、単体財務諸表の扱いについて、1年間結論を先送りしている。今回の改正は、単体財務諸表での表示及び開示が論点であり、連結先行を明確に打ち出すか結論付ける。なお、企業結合とこの改正のタイミングが同時期となれば、企業結合プロジェクトによって生じうる計算書の表示形式の見直しも取り込めることになる。

ＭｏＵに関連するプロジェクト項目

次に、ＭｏＵに関連するプロジェクト項目であるが、退職給付プロジェクトステップ1については、本誌が出版される前後（２０１１年3月中旬）での決着を目指している＊。ステップ1は、数理計算上の差異を貸借対照表で一時に認識するが、ＰＬは従前通り遅延認識を認めるものである。

ステップ2は、最終化されたＩＦＲＳへのコンバージェンスを図る議論である。本稿執筆時にはまだ、基準は確定しておらず、暫定合意の方向は、再測定に係る損益（従来の数理計算上の差異に代わるもの）をリサイクルしないＯＣＩで認識するか、当期純利益に含めて即時認識するか、いずれかというものである。この結論を巡っては、国内に様々に議論を呼ぶ可能性が高く、ハードルの高いものになる可能性がある。

ＭｏＵプロジェクトのうち、ＩＡＳＢにおいて２０１１年6月ぎりぎりまで集中的に議論されると見られている収益認識、リース、金融商品＊については、ASBJも、最後までIASBへの意見発信を続ける予定である。IASBにおいて上記プロジェクトより少し早く終了する見込みの連結の範囲を加えた4プロジェクトについては、ASBJにおいて、国内基準の公開草案の公表時期を2011年第3四半期末までとしているが、これについては、次の計画表では、後ろ倒しが必要となる可能性が高い。

連結の範囲については、SPEのような企業体のみでなく、伝統的議決権会社の支配の判断において、従来の日本基準の考え方（緊密者等の概念の使用）から、IFRSの考え方への変更に着手するかを決める必要がある。その決定によっては、プロジェクトが長期化することになる。

収益認識は、IASBにおいて、最終基準化に向けて、履行義務の充足（財またはサービスの支配の移転による）に関して、現行の実務への影響が大きくならないよう配慮する方向で検討が進められているが、複合要素取引の煩瑣な点や進行基準の会計の範囲に関しては、各国から懸念が上がっている。また、この領域は、日本基準において、適用指針などに、どこまで解釈的な文章を書き込むべきかという課題があると考えている。

リースについては、IASB／FASBの議論の中で、更新期間を含む予想リース期間の見積りに懸念が集まっている。また、貸手の会計処理において履行義務アプローチと認識中止アプローチを使い分けることには、世界的には反対も多いようであるが、ＡＳＢＪは賛成している*。借手の会計処理の単一化や、現行基準を大きく変えることに固執せず、ファイナンスリースを残し、オペレーティングリースの貸借対照表計上を考えるなどの方向も検討されるかもしれない。まず、ＩＡＳＢでの基準が確定しない限り、ＡＳＢＪでの議論の方向性を見通せる状況にならないと考えている。

金融商品プロジェクトは、ＩＡＳＢでは、ＦＡＳＢでの取組みとは異なり、金融資産、金融負債それぞれの分類と測定、減損、ヘッジに区分した検討を行い、ＩＦＲＳ第９号としての基準化も順次行っている。ＡＳＢＪでは、公開草案段階で各区分を統合させる予定で、金融資産、金融負債について、検討状況の整理を公表してきた。計画表上は、減損・ヘッジについては、いきなり公開草案とすることとしているが、より理解が困難な部分をいきなり公開草案とすることがいいか、進め方については、周知を徹底すべきという議論がある。加えて、金融商品は、ＩＦＲＳと米国基準のコンバージェンスが最も期待される分野でありながら、両者がこの間ダイバージェンス気味であることも、日本基準の開発を進める上で、頭を悩ませる要素になる可能性がある。本稿執筆時の直近の議論では、大きく乖離の方向であった金融資産の分類と測定に米国が償却原価測定を盛り込む方向であり、また減損についても、オープン・ポートフォリオの処理を検討することで両者がコンバージェンスに向かうように見える。ヘッジについては、ＩＦＲＳが内容を大きく変える方向なので、ＦＡＳＢがそれに追随するかが焦点である。

認識の中止プロジェクトについては、ＩＡＳＢでは、会計処理の見直しを諦め、ＩＡＳ第39号の内容をそのままＩＦＲＳ第9号に取り込み、開示の拡大については、ＩＦＲＳ第7号に取り込んで終わらせている。日本基準では、ＩＡＳＢの改正に合わせて変更するというスタンスに立てば、開示の拡大のみが今回の対象となるし、ＩＡＳ第39号の認識中止処理が今後とも続くことで、その処理がコンバージェンスの対象となるというスタンスに立てば、会計処理も見直し対象になる。いずれにせよ、国内では論点整理を起点に議論を進めることになろう。

公正価値と開示プロジェクトについては、公正価値測定の方法に関する技術的なプロジェクトであり、早期にコンバージェンスした基準の確定が可能と考えている*。

財務諸表の表示プロジェクトに関しては、主要プロジェクトがＩＡＳＢにおいて先送りされ、包括利益の表示が再確定された後にわが国で残るのは、非継続事業の表示の取扱いである。ＩＡＳＢが年次改善プロジェクトでＩＦＲＳ第5号の改正を予定していることを踏まえ、計画表上、この部分を切り離してコンバージェンスを図ることとしている*。

負債と資本の区分のプロジェクトは、当面議論されないと考えている。

MoU以外に関連するプロジェクト項目

引当金については、IASBの次期体制で議論されると見られ、2011年にASBJで議論を再開される可能性は高くない。排出権は、会計処理のあり方について、積極的に意見発信していくべき領域であるが、IASBでの議論が本格化してから対応を進めることとなろう。

保険については、IASBが2011年6月までに終わらせるべき重要プロジェクトとしているが、日本基準としては特定業種に関するものとしてASBJにおいて取り上げていない。当面、IASBで結論が出るまで、IASBに向けた必要な意見発信を続ける予定である。

後発事象は、IFRSとのコンバージェンスを図りつつ、会計基準として明確化するプロジェクトである。国内の会社法や金融商品取引法の会計実務との関連性について検討する必要があるものである。

おわりに

２０１１年は、ＩＡＳＢにとって体制が大きく変わる年である。このため、現時点のＩＡＳＢのプロジェクト計画には、２０１２年以降の記載がなされていない。一方、我が国では、ＩＦＲＳの国内上場企業等の適用を巡って、市場関係者の不透明感を払拭していくべき年と考えられている。金融庁の企業会計審議会も、本稿執筆時において審議の再開が予定されているところである。ＡＳＢＪの取り組むＭｏＵなどのコンバージェンスにおいても、審議会での制度問題の議論の方向を踏まえつつ、進めていく必要がある。どの程度のスピード感で、いつ頃の適用時期を念頭に基準開発を進めるかもこれからの課題であるし、市場関係者の意見を十分に聴取する必要がある。ＩＡＳＢでのＭｏＵの完了を前提にした次のプロジェクト計画表で、その方向性の一端が国内関係者に明らかになるようにしていきたい。

§13を振り返って

ＩＡＳＢとＦＡＳＢのＭｏＵプロジェクトは２０１１年６月の完了を目標としていたが、さすがにこの時期までくると多くの主要項目についても間に合わないことがほぼ明らかになってきた。ＡＳＢＪは東京合意で幅広くプロジェクトを取り上げたので、ＭｏＵプロジェクトはすべてＡＳＢＪのアジェンダに乗せていた。

この稿では、ＭｏＵプロジェクトのＡＳＢＪでの進捗を詳しく説明している。退職給付会計に関しては、ステップ分けをしたので、ＢＳ上で数理計算上の差異を一括で計上することに関して、単体での扱いが焦点となっていた。文中にあるような２０１１年３月号が出る頃の決着は達成されず、さらに1年余の時を要した。リース会計に関しては２０１４年段階でもＩＡＳＢとＦＡＳＢにおいて完成を見ていないが、このときの貸手に関するＡＳＢＪの主張はその後の方向的にも極めて的を射ていると考えられる。なお、ＡＳＢＪの金融商品プロジェクトは、検討状況の整理の段階で止まった。加えて、公正価値と開示プロジェクト、非継続事業の開示なども進捗しなかった。そのあたりをこの段階では見通せていなかったことがわかる論稿である。

§14

東京合意後の基準開発

―東日本大震災の影響の中で―

『季刊 会計基準』第33号（2011年6月）掲載

２０１１年3月11日の東日本大震災の被災者の皆様には、心からお見舞い申し上げます。その後の福島原子力発電所を巡る事故は未だ終息に時間を要するようであるが、１日も早く復興・復旧に向けた努力に集中できる日々が来るよう祈るばかりである。

会計基準に携わる者としては、多くの上場会社の決算期に近かったことから、上場企業等における決算作業に混乱を招かないか懸念したところであるが、各企業においては、このような事態の中でも、粛々と決算作業を進められていることに敬意を表したい。

日本自体が復興に向けて財政的にも苦しく、経済への悪影響が懸念される厳しい状況下ではあるが、改めて会計基準を巡る動向に簡単に触れておきたい。

ＡＳＢＪの基準開発

企業会計基準委員会（ＡＳＢＪ）では、２０１０年9月にプロジェクト計画表を公表し、その一部が２０１０年末の公表予定を満たさなくなることから、同年12月に同一期間における計画表の修正を公表した。

２０１１年3月末において、２０１０年12月同様、一部の公表予定のプロジェクトが後ろ倒しとなる状況が生じた。これは単体財務諸表の在り方に関する検討会議での意見を十分に斟酌して議論を進める必要のある項目がある等の理由によるが、本稿執筆時（2011年5月）において、会計基準開発に係る進捗報告を新たに準備しているところである。

その中で、個々の基準開発の公表時期の修正のみでなく、2012年を目途とする我が国の上場会社の連結財務諸表への国際会計基準（IFRS）の適用に関する意思決定も踏まえたASBJの国内基準開発のあり方に触れたいところであるが、この段階でどこまで明確化できるか、なかなか難しい状況である。

ASBJが現在取り組んでいるMoUプロジェクトは、後述する東京合意に取り込まれているが、米国財務会計基準審議会（FASB）における基準開発のように国際会計基準審議会（IASB）と同時進行の基準開発ではなく、IFRSの公表から一定のタイムラグができる形で、基準開発を進めている。言語や体系の違いから、もともと究極的に単一化された基準を開発することにはならないが、IFRSに対し、どの程度の距離感を持って基準開発をするかは、現在公表されている収益プロジェクトなどの論点整理を出した段階においては、明確に決めていない。今後の進め方について、幅広い意見がありうる中で、市場関係者との対話を通じ、ASBJのスタンスを明確にしていく必要がある。

将来の方向を決める前段階として、2007年8月以来、ASBJの基準開発の指針であった東京合意について当事者としての総括をしておく必要がある。

東京合意の総括

本誌が刊行される頃には、震災で2011年4月から2か月延期されたIASBとの定期協議が終了している筈で、その協議の中で、お互いのこれまでの取り組みを確認することが予定されている。

東京合意は、プロジェクトを三つに分けていた。短期的プロジェクトは2008年終了を目指し、その実現を見て、EUにおける日本の会計基準の同等性評価を得るのに役立った。その他の既存の差異は、2011年6月を目標に進めていたが、連結先行問題等を含め、議論が難しく、完全には終わっていないが、概ね終了に向かっているところである。また、東京合意は、MoUプロジェクトのように、IASBにおいて進行中の基準も含んでおり、これらについては、前述のように基準開発にあたっては一定のタイムラグが必要であり、国内では特にまだまだ議論が続いていくが、IASBでの完了までの間、両者が緊密に連携することが東京合意の眼目になっている。

加えて、2005年から13回を数える定期協議においてIASB側を代表し、また、東京合意の締結当時者でもあるデイビッド・トゥイーディー議長が本（2011）年6月に退任するため、2011年6月の定期協議しか総括のタイミングはない*ことになる。

プロジェクトの選択と基準開発の影響度分析

2011年後半からは、IASBは新たな正副議長体制が始動するが、どのようなプロジェクトが新たに取り上げられていくかは、これから議論がなされていくところであり、ASBJとしても、この点については引き続き意見発信することとしたい。新体制でのプロジェクトが動き出せば、ASBJは、現在のMoUプロジェクトを進めつつ、新しいプロジェクトにASBJとして、また、アジア・オセアニア会計基準設定主体グループ（AOSSG）として意見発信していくことになろう。

さて、基準開発の過程において影響度分析を行うことがIASBのデュー・プロセス・ハンドブックに記載されており、その影響度分析のあり方について、欧州財務報告諮問グループ（EFRAG）から意見書案が出されている。

基準開発において、プロジェクトの選択及び基準開発を進める過程の調査活動を通じて、より慎重な基準開発を求められていることは理解できる。振り返ってみれば、今回のIA

SBとFASBのMoUプロジェクトは、もともと米国においてIFRSがUSGAAPでの利益への調整開示なしに認められることを目的にスタートし、次に、米国企業への適用という米国の意思決定を意識して、短い期間に終わらせることが目論まれた。その意味では、適用という目的が先にあって、高品質化の達成のために、いくつもの大きな基準が一時期に取り上げられる結果となった。

これは、本来の基準開発である経済取引の変化に応じた個々の基準の改善というものからすれば、少し特殊なやり方だったと言わざるを得ない。今後は、個々のプロジェクトを取り上げるにあたり、その影響度を基準開発段階から、図っていくという進め方には、理解はできる。

ただ、その影響度というものが、何に対するものか、という点は大いに懸念があるところである。これは、財務報告の目的とも関連するが、金融危機以来、特に欧州では、公益への影響を基準開発において強調するようになっている。

財務報告とは、本来、投資家の投資意思決定目的に利用されるもので、意思決定について有用なものであり、企業リスクについて透明な情報が提供されることが期待されている。その目的を満たす財務報告が、基本的にその他の副次的な利用の基本になることに相応しくない状況というのは、なかなか具体的には示しづらい。その意味では、公益目的と投資意思決定目的が対立関係になることを想定したかのような分析プロセスがどこまで必要なのかには疑問を感じる。公益目的のためには、財務報告を基に、何らかの加工を加えることも可能なだけになおさらである。

一方で、余り目くじらを立てて気にしなくてもいいといわれるかもしれないが、公益目的を強調するあまり、基準開発活動に対し、過度にブレーキをかけるようなことがあってはならないという懸念はある。基準設定主体に身を置く立場からすると、始めに現行基準の問題点が指摘され、次に、よりよい会計処理に置き換えるべく新プロジェクトして取り上げられ、議論されるどこかの段階で、その新しい会計処理の、投資意思決定上の情報効果（改善度）を分析するための影響度分析がなされることが望ましいプロセスであると考えるところである。

§14を振り返って

２０１１年３月の東日本大震災は様々な困難をこの国にもたらした。３月決算期末直前であったので、各社の決算に関し、何らかの措置が必要かどうかの議論があった。当局のヒヤリングの中で会計基準そのものに関しては特段の措置は不要となった。

２０１１年春の定期協議は東日本大震災のために一旦予定がキャンセルされた。だが、トゥイーディー議長が６月に日程を組み直して来日し、氏との最後の定期協議が開催できた。そこに氏の誠意を感じるところである。日程が後ろ倒しになった分、東京合意の成果の総括の準備が十分に行えることとなった。

国内の市場関係者、特に財務諸表作成者の間でＩＦＲＳ適用を巡って意見の対立が目立つようになっていた。関連するように国内基準開発に関する意見集約が難しくなり始めていた。

この稿の後、自見金融担当大臣による大臣談話が公表される。

§15

ＡＳＢＪの10年
―これまでとこれから―

『季刊　会計基準』第34号（２０１１年９月）掲載

企業会計基準委員会（ASBJ）の運営母体である公益財団法人財務会計基準機構（FASF）は、2001年7月26日に設立されており、今（2011年）夏、設立10周年を迎えた。ASBJは、2001年8月に第1回の委員会を開催し、2011年7月末までに、回を重ねて229回の委員会を開催してきている。

いきなり個人的なことで恐縮であるが、ASBJ事務局の常勤委員及び常勤スタッフの中で、設立以来勤め続けているメンバーは、残念ながら私だけになっている。設立時の定款（当時は寄附行為）には委員に例外なく3期（9年）という任期制限があったから、その段階で8年8か月を超えてASBJに留まっていることは想定できず、10年後に、任期延長を経て〈20〉現職としてこの原稿を書いているのは奇縁という他ない。

本稿では印象に残る事柄を振り返りながら、ASBJの今後についても簡単に触れたい。

会計基準の開発と規範性

FASFの定款にある財団の目的の一つである「会計基準の開発」という表現は、FASFの設立までは耳慣れないものであった。開発した会計基準に如何に規範性を付与するかについては、設立準備の段階では詰められていなかったと考えられる。財務諸表等規則において、「企業会計審議会により公表された企業会計の基準が、一般に公正妥当と認められる企業会計の基準に該当する」とされる中で、ASBJの基準開発の正当性を担保する枠組みは、当時は未整備であった。

個々の会計基準ごとに金融庁が承認してガイドラインを公表する仕組みは、企業会計基準第1号の議論がASBJで進む中、斎藤静樹委員長（当時）と金融庁の交渉を通じ、明確化されたものである。また、ASBJの公開の委員会に金融庁をオブザーバーとして迎え、意見があればその場で発言してもらうことで、ASBJで議決された会計基準が、承認されない事態を回避する工夫も斎藤委員長の発案である。

ASBJの設立後に、我々の最終公表物は、会計基準の他に、適用指針、実務対応報告の三つとすると決めたところであったから、現場としては会計基準のみが承認されるということを念頭に、各会計基準の本文中に、対応する適用指針も参照する必要がある旨の文言を入れることとした。加えて、斎藤委員長の了解のもと、当時の松山雅胤理事事務局長にお願いして、FASFの設立支援9団体全部に、各団体の会員がASBJの開発する会

〈20〉 2009年12月に定款変更があり常勤委員についての任期延長規定が定められ、2010年4月から2年間の延長期間にある。

計基準等を準拠する旨の文書を共同で出せるか各団体に打診して貰った。松山事務局長の迅速な行動もあって、遅滞なく公表された文書〈21〉は、民間の市場関係者が自主規範として開発したＡＳＢＪの基準等を自ら遵守するという、民間で会計基準を開発する本来の意義を包含した文書となった。その意味で、ＡＳＢＪの基準がガイドラインに代えて金融庁告示により規範性を持つこととなった現在においても、この文書の重要性は変わらないと思っている。

会計基準とマクロ経済

２００３年春、当時の与党の金融政策プロジェクト・チームから時価会計凍結・減損会計適用延期の要請があった。金融商品や固定資産の減損の会計基準は、いわゆる会計ビッグバンの目玉の基準として、企業会計審議会で制定されたものであった。２００３年当時、ＡＳＢＪは減損会計について、適用指針を作成していた。要請の対応は、ＦＡＳＦ内に設置されていたテーマ協議会〈22〉で議論され、その提言を受けて、ＡＳＢＪで凍結等の要否を検討することとされた。要請の趣旨を一言でいえば、景気や株価が低迷する中で、時価会計や減損の会計が、経済や景気回復に悪影響を与えるというものであった。いわば、会計の枠を超える論点でもあったため、緊急な検討ではあったものの、性急に内部のみで結論付けるのでなく、幅広く一般から意見募集するとともに、経済学者を含めた幅広い識者の意見を聴くこととした。最終的には、市場への情報開示という会計基準の役割を犠牲にし、また、その設定プロセスへの信頼性を損なう懸念を覆して、要請に応える十分な意義や理由を見出しがたいという結論を得、2003年6月に「有価証券の時価評価・強制評価減及び固定資産の減損会計の適用に関する緊急検討の審議結果について」として公表した〈23〉。

〈21〉 2002年5月に公表された「(財) 財務会計基準機構・企業会計基準委員会から公表される企業会計基準等の取扱い (準拠性) について」である。
〈22〉 現在は、定款変更により改組され、基準諮問会議となっている。
〈23〉 その時以前の米国財務会計審議会（FASB）におけるのれんやストック・オプションの会計処理問題や、2008年の金融危機における国際会計基準審議会（IASB）への金融資産の分類変更要請とそれが招いたデュー・プロセス問題などを見る限り、会計基準とマクロ経済への影響の議論は、歴史的に繰り返される傾向がある。

コンバージェンスとEU同等性評価

ＡＳＢＪがコンバージェンスの方向性を示したのが、２００４年6月の中期運営方針〈24〉である。その間、国際会計基準審議会（ＩＡＳＢ）は米国財務会計基準審議会（ＦＡＳＢ）とノーウォーク合意を締結し、コンバージェンス・プロジェクトを進めていた。ＩＡＳＢのデイビッド・トゥイーディー議長は、どこかの時点で、日本の会計基準は国際財務報告基準（ＩＦＲＳ）と既に相当近いことに気付いたようで、２００４年夏来日の折、同議長から、両者がコンバージェンスのための協議を進めていく提案がなされた。２００４年の年末に、コンバージェンスの枠組みの協議が行われ、両ボードの委員長が合意文書を結んで、２００５年春に第１回の定期協議が開催された。以来、年２回東京とロンドンで開催され、２０１１年6月まで13回開催されている。

２００5年にはＥＵによるＩＦＲＳと各国の会計基準の同等性評価が動き出し、欧州証券規制当局委員会（ＣＥＳＲ〈25〉）が、技術的助言をまとめた。そこでは、開示等の補正措置がなければ同等とは言えない26項目の主要な差異が示された。この助言は、後に個々の差異にとらわれず全体で判断する全体像（wholistic）アプローチに置き換わるのであるが、このときのＣＥＳＲが指摘した主要な差異の解消が、その後のＡＳＢＪの基準開発の中心的な課題となったのである。

同等性評価の初期段階で困難に直面したのは、ASBJの概念フレームワークについて、公開草案が出せなかったときである。この概念フレームワークは、章建てもIFRSのそれと合わせ、第1章「財務報告の目的」においては、財務報告の主たる目的を、投資家による企業成果の予測と企業価値の評価に役立つことと明確に示した。これは、国際的な会計基準と整合した方向性と理解される。しかし、第3章「財務諸表の構成要素」において、純利益を定義するなど、IFRSの概念フレームワークにない特徴があったこともあり、同等性評価が得られなくなるという強い危惧が同等性評価に携わる関係者等から示された。このため、2006年12月、我が国の概念フレームワークは、公開草案として意見を問うことに代え、討議資料として位置づけ、審議を凍結することとなった。

〈24〉 中期運営方針は、その後2007年、2010年と委員の改選期ごとに公表している。
〈25〉 現在は欧州証券市場監督局（ESMA）となる。

東京合意

２００７年４月、私が委員長職に就き、まず、コンバージェンスの達成時期に関し、市場関係者に予見可能性を与える必要性を感じた。コンバージェンスは、当事者の一方が会計基準を開発または改正すれば、両者に新たな差異が生じ、正確に言うと永遠のプロセスということになるが、会計基準の利用者の立場を慮れば、会計基準改定の進捗の目安となるものがあった方がいいと考えた。合意締結の準備のため２００７年５月にロンドンに出張し、我が国の市場関係者とも協議を重ね、同年８月に来日したトゥイーディー議長との間で合意に至り、いわゆる東京合意が公表された〈26〉。同等性評価に関連する短期プロジェクトやその他の既存の差異等は、目標期日を置くこともそれほど難しくなかった。難問だったのは、ＩＡＳＢとＦＡＳＢのＭｏＵプロジェクトのように審議中のプロジェクトについてどう扱うかであったが、ＡＳＢＪとＩＡＳＢの緊密な連携という新たな方向性を打ち出すことができた。

東京合意の効果は、ＥＵの同等性評価において発揮された。東京合意を経て見直されたプロジェクト計画表は、同等性評価のための工程表と位置付けられ、差異の解消を短期プロジェクトで進める中で、同等性評価に見通しがつくこととなった。なお、ＥＵ同等性評価の交渉当事者は、金融庁であり、ＡＳＢＪは、技術的支援であったが、それでも公聴会、ＣＥＳＲ関係者との意見交換、ＥＵ議会関係者との意見交換などの経験をすることとなった。

東京合意の短期プロジェクト項目について２００８年末に終了させ、同じ時に、ＥＵにより、我が国の会計基準は米国基準と同様、ＩＦＲＳと同等であるとの評価を得た〈27〉。

話は跳ぶが、２０１１年6月トゥイーディー議長との間の最後の定期協議が東京で開催された。そのタイミングは既存の差異の解消の期限にもあたり、両者で東京合意の成果を確認するプレス・リリースを公表した〈28〉。

〈26〉「企業会計基準委員会と国際会計基準審議会は２０１１年までに会計基準のコンバージェンスを達成する「東京合意」を公表」とするプレス・リリースとともに、「会計基準のコンバージェンスの加速化に向けた取組みへの合意」として２００７年8月に公表された。

〈27〉２００８年12月、ＥＣはＥＣ規則を公表し、２００９年以降、ＩＦＲＳ、日本基準、米国基準を認めるとした。

〈28〉企業会計基準委員会と国際会計基準審議会が、東京合意における達成状況とより緊密な協力のための計画を発表」と題し、「ＡＳＢＪとＩＡＳＢが公表した「東京合意」の達成状況」を別紙として付けた。

企業会計審議会中間報告

２００９年６月金融庁企業会計審議会から「我が国における国際会計基準の取扱いに関する意見書（中間報告）」が公表された。この内容は、前（２００８）年秋の米国証券取引委員会（ＳＥＣ）案と似た方向性をもつものであるが、一定の要件を満たす上場会社にＩＦＲＳの任意適用が直ちに開始されることとなった点に特徴があった。中間報告はいくつかの点でＡＳＢＪの業務に大きな影響を与えた。

第一点は、コンバージェンスの継続・加速化が打ち出される中で、連結先行の考え方が示された。これは、ＩＦＲＳとのコンバージェンス上、課題がある会計処理について、連結財務諸表上はＩＦＲＳの処理を受け入れ、単体財務諸表上は当面の間、差異を残すことによって、コンバージェンスを円滑に進める趣旨と考えられた。具体的な当てはめは、会計基準設定主体であるＡＳＢＪの議論によることとなったが、連結先行の可能性のあるいくつかのプロジェクトについて、２０１１年８月現在、まだ最終的な解決に至っていない状況にある。

第二点は、ＩＦＲＳの任意適用が始まったため、その準備のために、解釈を明らかにすべき課題が発生した。ＡＳＢＪは、ＩＡＳＢとの協議や、ディレクター等とのコミュニケーションを通じ、この課題の解決に貢献するという役割を担うこととなった〈29〉。

第三点は、IFRSの開発そのものに、より影響を及ぼす必要が増したという点である。この点については、IASBとの定期協議、IASBとのコンバージェンスを共有する米国FASBとの定期協議や、ASBJスタッフのMoUプロジェクトへの参画等を通じて行ってきている。

また、アジア・オセアニア会計基準設定主体グループ（AOSSG）の設置に深く関与し、第2回の総会を東京で開催することにより、2010年秋から本年秋にかけて、日本が議長国となり、組織の活動の方向性の明確化〈30〉、アジア・オセアニア地域における意見の集約、IASBへの意見発信を中心的に行ってきている。

そのほか、IFRSと一線を画する我が国中小企業向けの会計ルール〈31〉についても、

〈29〉 これまでの成果として、減価償却について、IASBディレクターから2010年秋に教育的文書が公表された。

〈30〉 2011年5月に「AOSSGビジョン・ペーパー2011—アジア・オセアニアからのIFRSへの新風—」を公表している。

〈31〉 日本税理士連合会、日本公認会計士協会、日本商工会議所、ASBJによる「中小企業の会計指針」（会計参与設置会社を主として念頭に置いたもの）に加え、2010年8月の「非上場会社の会計基準に関する懇談会報告書」等を踏まえた幅広い中小企業を対象にした新たな指針*が、中小企業団体、ASBJ、学識者等をメンバーとし、中小企業庁、金融庁を共同事務局として、現在検討されている。

その設定に組織として関わることで、我が国の会計の考え方の大枠が保たれるよう努めている。

ＡＳＢＪのこれから

金融庁は、２０１０年現在、ＩＦＲＳの適用について議論を続けている。その結論によっては、ＡＳＢＪの業務が大きく変容することもあり得るものの、日本基準が何らかの形で我が国の資本市場や制度会計に残るのであれば、ＡＳＢＪの当面の業務は、国内基準の開発と国際基準の開発（及びＩＦＲＳ適用上の実務問題）への貢献という、当初定款の業務が維持されることとなる。

まず、ＩＦＲＳ適用の議論が続く現下の状況では、日本基準のコンバージェンスの在り方が問われていると考えている。ＩＦＲＳの適用問題と日本基準のコンバージェンスの問題は、相互に深くかかわっていると理解している。ＩＦＲＳの適用上の課題は何かを探り、日本としてＩＦＲＳに日本の考え方を受け入れさせたいと考えるものがある場合には、それらについての国内での会計基準開発も、まずＩＦＲＳに合わせてから、という進め方が目的に沿ったものとは思えない。国際的な動向を十分把握し、それらの情報を的確に分析し、日本から発信する論点を明確に掘り下げ、適切な時期にＩＡＳＢに問題を提起する必要がある。交渉に当たっては、国内市場関係者の全面的な支持を受けて、国際的な場での強い交渉が可能となる。市場関係者の意見がまとまれば、ＡＳＢＪとして対外的な努力を惜しまない所存である。

長期的な視点に目を移せば、国際的な会計人材の育成もＦＡＳＦ及びＡＳＢＪの大きな課題である。これについては、人材を有する企業や監査法人、利用者、諸団体等と連携しながら、オールジャパンとして中長期的な人材育成システムを構築し、将来的にＩＦＲＳ開発等の場において、指導的立場に立てる会計人材を育てることを目標としたい。

ＡＳＢＪの10年と題する本稿の終わりにあたり、これまでのＡＳＢＪの活動を支えてくださった設立支援団体をはじめとする市場関係者各位に厚く御礼申し上げるとともに、引き続きご支援をお願いする次第である。

§15を振り返って

自見大臣談話直後であってその影響をどう踏まえて、ASBJの活動を進めていくかを考えているタイミングであったが、チェアマンズ・ボイスは休載となり、季刊誌の財団設立10周年記念の特集に寄稿することとなった。

設立後10年の前半、財団・委員会立上げから委員長就任までの期間に、私は会計基準つくり（社会的なルールつくりに共通かもしれないが）とは何かを大いに学んだ。学びの題材は、与党の時価会計凍結等の要請やのれんの償却に関する要望（即時償却や非償却）、金融商品取引法改正、会社法改正、コンバージェンスやEU同等性評価の前半、概念フレームワークの措定等である。この時代のおかげで私はその後ASBJ委員長を全うできたと思っている。

なお、文中にあるガイドラインによるASBJ基準の承認は2009年の連結財務諸表規則の改正で金融庁告示による承認となった。

また、幅広い中小企業を対象とした新たな指針は、「中小企業の会計に関する基本要領（中小会計要領）」（2012年2月公表）を指す。

§16

ＡＯＳＳＧ議長を終えて

『季刊 会計基準』第35号（２０１１年12月）掲載

本稿を執筆している現在（２０１１年11月上旬）は、２０１１年11月下旬にメルボルンで行われるアジア・オセアニア会計基準設定主体グループ（ＡＯＳＳＧ）年次会議を目前にしているところであるが、本誌が刊行される頃（２０１１年12月中旬）には年次会議が終わっていて、年次会議の冒頭で、私は1年余のＡＯＳＳＧ議長の職務を終えることになる。より実際に即して言うと、企業会計基準委員会（ＡＳＢＪ）が、議長メンバー団体〈32〉（以下、議長国という通称を用いる）の任務を終えたことになる。本誌が季刊誌であることを考慮すれば、今回が、これまでのＡＯＳＳＧの歩みとＡＳＢＪのＡＯＳＳＧへの貢献に関し、簡単にまとめる最適なタイミングに思える。

ＡＯＳＳＧの誕生

ＡＯＳＳＧを生んだ原動力は日中韓3か国である。２００1年から始まった3か国会議において、アジア・オセアニア地域を結集し、より強い発言力を持つ必要を議論し始めた。言い出したのは日本である。それが、現実化して２００9年春の北京でのアジア・オセアニア地域政策フォーラムの際に、関係国が集まってＡＯＳＳＧの創設を正式決定した。その際、初代議長国がマレーシアに決定した。その後にマレーシア会計基準委員会（Ｍ

ASB）議長になったファイツ・アズミ氏はエネルギッシュな公認会計士（兼職）であり、日中韓3か国以外からAOSSG初代議長が出たことは、地域全般をより早く融和する意味で、よい結果をもたらした。

初代議長国マレーシアの貢献

初代議長国マレーシアは、第1回会議の参加国誘致に向け、積極的に動いた。特に地理的関係もあり、中東のイスラム諸国を含めて誘致を行った。日中韓のイメージでは、自分たちのグループ、別途に地域会合を開いていたASEANグループ、オーストラリアとニュージーランド、それに加えてインドとパキスタン辺りを主要メンバーと考えていたが、中東は、国連のリストでは、明確にこの地域に属していた。

マレーシアは、新組織のMoU案を起草し、そこで国連リストを基に、アジア・オセアニアの地域を画定する〈33〉とともに、MoUの署名を持って、加入メンバー国とするとい

〈32〉AOSSGのメンバーは、AOSSという各国、各地域の会計基準設定主体である。
〈33〉台湾の加盟等に備え、国連リストでの地域の画定はその役割を終えたとして、現在のMoUからは削除されている。

う立てつけを取った。各国基準設定主体（ＮＳＳ）会議のように、メンバー国という概念を置かない考えもあり得たが、ＡＯＳＳＧが議決を伴う団体で、定足数等も決めることとしたから、メンバー国という概念は必要なものといえた。第１回会議参加国は、21か国、その後1年間でメンバー国は、23か国に増えた〈34〉。

ＭｏＵの中で、議長国が年次会議を開催し、副議長国が翌年の年次会議を開催することを受け、日本は、第１回の年次会議において、副議長となり、第２回の年次会議開催国となった。年次会議と議長副議長をリンクさせる場合、会議の冒頭に議長となった国が向こう1年間議長を務めるという考え方と、会議の終了時に翌年の開催国が議長となる考え方がありえた。日本は、翌年の準備を考えると早い段階で議長国になるほうが、好ましいと考えたが、できたばかりのＭｏＵがある以上、直ちに議長になるのは無理があった。そこで、会議開催準備に関わる連絡等は、ＡＳＢＪから直接行うなどの業務分担について、マレーシアと合意した。実際にやってみると、参加国のさらなる勧誘などについては、マレーシアにノーハウがあり、議長国としての貢献を十分に果たしていた。ＡＳＢＪは、日本での開催を経験してメンバー国との信頼を高めたことで、２０１０年秋からの議長国としての活動をうまく行えたのではないかと思われる。早まってはいけない、ということである。

マレーシアのスタッフ数は、多くないと聞いているが、その中にあって、メンバー勧誘を含むＡＯＳＳＧ関係の事務を一手に引き受けたスタッフのビー・レン女史の活躍は特筆に値すると考える。

第2回東京会議

ＡＳＢＪは、議長国就任前から、議長諮問委員会（ＣＡＣ）の設置に向けて、努力し、第2回会議において、ＭｏＵの改定を経て、ＣＡＣを設置した。２０１０年10月の第２回会議参加国は、台湾の参加こそ実現しなかったものの、24か国に上った。

会議では、新議長の抱負として、私は、今後の活動の重要性を強調するとともに、ＡＯＳＳＧの将来像を含むビジョン・ペーパーの公表を約束した。また、ワーキング・グループ（ＷＧ）のセッションにおいて、ＷＧからの報告や国際会計基準審議会（ＩＡＳＢ）メンバーとの質疑が行われた。

〈34〉 第1回ＡＯＳＳＧ会議については、「秋の会計外交を一巡して」（本書§8）に記載している。

議長国としての貢献

ＷＧの活動は、各ＷＧリーダー国の自主性に任されたものの、作業の進捗管理はＡＳＢＪで行った。運営に関しては、毎月オーストラリアのＡＡＳＢとビデオ会議を開催するとともに、2か月に1度程度は、ＣＡＣメンバーとの電話会議を定例化した。また、インフォーマル会議と称するフェース・トゥー・フェースの会議を、２０１１年3月のニューヨークＮＳＳ会議、5月のバリ（インドネシア）地域政策フォーラム、9月のロンドンＷＳＳ会議のタイミングで開催し、折々の問題について議論し合った。

ちょうどＩＡＳＢあるいはＩＦＲＳ財団からコメント募集が次々に出された時期であったため、ＡＯＳＳＧのＷＧは精力的に（執筆時点で発信直前の2通を含む合計19通の）コメントを作成した。ＡＯＳＳＧ諸国には、いろいろな考え方の国が混在することから、コメント毎にコンセンサスを得ることは難しかろうとも思われたが、多数意見を重視しつつ、反対意見も明示する、という原則の下に各ＷＧリーダーは、起草したと理解している。ＷＧがないプロジェクトやテクニカルでないテーマへのコメントに関しては、ＣＡＣメンバーで意見形成し、ＣＡＣの機能が有効に働いた。その分、ＡＳＢＪで起草することが多く、ＡＳＢＪ関口智和専門研究員は、繁忙を極めたと思っている。彼が、ＡＯＳＳＧ副議長国、CAC国、メンバー国に向けて送付したeメールの数は1年余で優に300を超えていたと思われる。

ビジョン・ペーパー

ビジョン・ペーパーは、今後の組織の在り方についての問題意識をまとめ、2011年6月に公表したものである〈35〉。当面の活動と将来のビジョンに分け、当面、メンバーの拡大とメンバーの能力向上、IASB等、他の機関とのコミュニケーションの増進等を掲げている。将来のビジョンとして、IFRS財団のリエゾン・オフィスの活用、基準の整合的な適用のためのメンバー支援等を掲げている。秋のNSS会合やWSS会合で参加者に配布等をし、地域外の方から、共感のeメールをいただいた。

ただ、ビジョン・ペーパーはあくまで、在り方を整理したペーパーであるから、これからの活動のさらなる活発化が問われるものと理解している。

〈35〉 ビジョン・ペーパーについては、FASFホームページ、ビジョン・ペーパー公表のプレス・リリースから閲覧及びコピー可能。

議長副議長の任期延長

２０１１年春頃より、議長副議長の任期が1年では短すぎるのではないか、という問題意識が出てきた。組織運営方針の安定的実施等を鑑み、まずは2年にすることが考えられた。適用されるのは、ＡＳＢＪからではないが、後のために、利害のない立場から、このためのＭｏＵ改定案もＡＳＢＪで起草した。

順調にいけば、２０１１年11月の会議で、旧ＭｏＵで選出されたＡＡＳＢ議長ケビン・スティーブンソン氏が、新ＭｏＵの下で、2年間の任期が確認されている筈である。

任期を2年にすると、副議長から数えて、4年間になり、任期途中で、議長副議長と呼ばれる個人が、その所属設定主体の議長を交代する可能性が高まる。所属団体の長を退けば、ＡＯＳＳＧの議長も退かなければならないということはないが、所属団体の次期議長が引き継ぐことが考えられる。

おわりに

新しい議長国であるオーストラリアのAASBは、既にウェブサイトの運営等で活躍してきた。今後、AOSSGの事務局は、ASBJからAASBに移るが、関口智和専門研究員は、ビー・レン女史とともに、eメール等を通じ、AOSSGとしてのスタッフ活動を続けることになる。彼らの経験を活用したいというAASBの要望に応えるものである。FASF／ASBJにおいては、関口専門研究員のみならず、加藤　厚副委員長率いる国際担当のスタッフ（実際には国内業務の負担も負っている人たちばかりだが）が、この1年余、AOSSG活動に貢献してくれた。この場を借りて、改めて感謝するものである。議長国を終えても、ASBJはこの組織でのリーダーシップの一貫を担うことを考えていかなければならない。IFRS財団／IASBのアジア・サテライト・オフィスとの連携における役割が、一つの鍵になるが、連携を支えるであろう国際担当スタッフのさらなる活躍を期待するものである。

§16を振り返って

メルボルンのＡＯＳＳＧ会合で私は議長を終えた。最初の1年は地域がまとまったときの意見発信力にメンバー自身が気付いた時期であったが、2年目はアジア・オセアニア（ＡＯ）以外の国がＡＯは侮れないと思った時期である。

ＣＡＣ会議を軌道に乗せて運営し、ビジョン・ペーパーをまとめ、数多くの意見発信を行った。1年は短かった。ＡＯＳＳＧ会議の議長を無事終了できたことで私は重い肩の荷を少し下ろした。少し前から、ＡＯＳＳＧ議長退任はＡＳＢＪ委員長としての良い花道にもなるような気がしていた。ＡＳＢＪ委員長の再々任となると委員在任が10年を大きく超えることや、定款の例外規定を目いっぱい使うのは美しくないと思えた。そこで２０１０年秋に慶應義塾大学からの誘いに応じ、２０１２年春からの転職を決め、萩原敏孝理事長に伝えた。

§17

人材開発支援プログラムの開始にあたって

『季刊 会計基準』第36号（2012年3月）掲載

2012年1月、財務会計基準機構（FASF）／企業会計基準委員会（ASBJ）は、市場関係者から受講生を集め、第1期の人材開発支援プロジェクトを始動させた。このプロジェクトは、A、B、二つのプログラムから構成されている。夫々のプログラムの初回において、ASBJ委員長としてスピーチを求められ、将来の国際会計基準審議会（IASB）ボードメンバー等候補者、プロジェクト・マネージャー等候補者を前に、思うところを申し上げた。今回のチェアマンズ・ボイスは、その概要をまとめたものである。

人材開発プログラムの意義

本日、皆さんは大変緊張してここに来られていると思うが、私の今日のスピーチは、皆さんの緊張を解くという役割でなく、しばらく緊張したままでいてもらうことにあると思っている。国際会計人材をオールジャパンとして、中長期的視点に立って組織的かつ計画的に育成していくことは、我が国市場関係者の強い支持に基づくものであり、キックオフとなるこの日が歴史的な日となってほしいと思っている。実際にそうなるかは、時が立ってみなければわからないが、FASF／ASBJとしてこの中長期プロジェクトの成功を祈念して、スタッフ一同高い意識を持ってこの場に臨んでいる。

人を育てるという点で、ＡＳＢＪが今までどうしていたかを振り返ってみる。これまで会計の専門スタッフを育ててきた実績があるからである。それは、日常業務のＯＪＴを通じてであった。ＡＳＢＪの場合、監査法人や企業からの出向者が多く、２、３年ごとに入れ替わるので、毎年のように優秀な方を推薦してもらうよう出向元にお願いし、推薦された方を基本的に受け入れてきている。実際に働いてもらわないと働きぶりはわからないので、わからないまま推薦いただいた方をお断りすることはしてこなかった。そして、その方達のこれまでの経験と知識に基づく能力をあるがままに発揮してもらってきた。そういう意味で、育てたというより、育ったという方がより適切であろう。ＡＳＢＪは議論を通じて成果物を作り上げる仕事をしている組織であるから、目に見えた議論の前に内部的な議論の場がいくつもある。それらを通じて訓練されていった。いきなり水を得た魚のように活躍される方もいれば、稀には最後まで余り発信されないまま任期を終える方もいた。ＡＳＢＪでは、このように業務を行う中で自然に任せていたところがあったが、今回の人材開発支援プログラムでは、だいぶ違う。意識して人を育てる、能力を鍛える場と位置付けている。

高いモチベーション

受講される皆さんがこの機会をどう受け止められるかが極めて重要である。皆さんには、ほとんど経済的負担はないが、派遣元の仕事の負担を減らして貰ってここに来ている人はあまりいないのではないかと思う。そういう意味では、同僚などに比べ、明らかに追加的な負担を負ってここに参加いただいていることになる。そのことをよく認識しておいてもらいたい。現実に重荷と感じる時が来ても、慌てないでほしい。どうか、プログラムが終了する2年後をイメージしていただき、負担を乗り越えるために、このプログラムをやり遂げるというコミットメント、デターミネーションをご自身の中で是非行っていただきたい。高いモチベーションなしには満足のいく成果は挙げられないと思う。

このプログラムのことを私たちの内部では、枠組みの作成の議論をまとめた新井武広副委員長の名前を取って、新井塾などと呼んでいるが、この呼び方には松下政経塾などを意識しているところがある。松下政経塾がどのような教育を行ってきたかを知るものではないが、それは、我々同様、明確な目的に基づく塾である。松下幸之助翁が既成の政治家に飽き足らず、真の政治家を要請したいという情熱に駆られて設立したものだと認識している。第一期生から首相が出たが、真に成功したかどうかは、そこから出た政治家が一定の地位を得ただけでは足りず、任期の長さに関係なく、既成の政治家ができなかったことをやり遂げ、日本を良い方向に変え得たかどうかで評価するしかないのだろう。

それと同じように、この人材開発支援プログラムも、単にここからＩＡＳＢのボードメンバーを出すことが目的ではない。勿論このプログラムの修了者から将来的に日本人のＩＡＳＢボードメンバーが出ることは確信している。しかし、それだけでなく、その人がＩＡＳＢのボードメンバーとして、国際会計基準の質を向上させる議論をリードできる人材として活躍することが目標である。このような将来的な目標を開講期間にわたり維持するには、参加者の意識の高さと主催者の意識の高さが相互によい作用を果たしていく必要があると考える。

当面の目標

プロジェクトＡでは、ＩＡＳＢのプロジェクト・マネージャーの育成を目標としているが、２０１２年１月から新規２名のスタッフをＩＡＳＢに送ったところであり、次回の派遣は２年後を予定しており、早晩そのための人選を考え始めることになる。今回派遣した２名の人選は、実は一昨年に行っており、英国でのビザ手続きの変更等で派遣が大幅に遅れたという経緯がある。前回は、公募を通じ、書面や筆記試験、面接による選考を経て派遣者を絞り込んだ。次回については選考方法を現時点で決めているわけではないが、公募をするとしてもプロジェクトAに参加されている方は、IASBのプロジェクト・マネージャー・レベルを目指してこれから研鑽されるわけであり、先ずはそこを目指していただきたい。

IASBにおいてスタッフの役割は極めて重要である。ASBJと違って、専門委員会がなく、スタッフペーパーがいきなりボードで議論され、ボードで了承されればスタッフの意見や起草がそのまま基準化されるからである。ボードメンバーを説得できる力があればスタッフ、特に個別プロジェクトの中心となるプロジェクト・マネージャーの力は非常に大きい。

ボードは、文字通り、会計基準という社会規範を作る場であって、そのメンバーとして社会に貢献できるというのは大変やりがいがあるものである。日本の場合、当面、この中から現在ボードメンバーである鶯地隆継氏の後任候補に食い込んでもらうことになる。鶯地さんは就任してまだ日が浅く、任期満了もまだまだずっと先のことなので、余り今から肩肘張って先を考えず、長期的視野で能力を養っておくことを意識してほしい。日本から複数の候補者が国内からの推薦を受けるときに、最終的にボードメンバーを選考するのは、

ＩＦＲＳ財団である。最後は能力と運である。

実際には、この人材開発支援プログラムの修了者のうち、ボードメンバーや、プロジェクト・マネージャーになれる人の数は限られている。結果的には派遣元での業務に専念される方も多いと思うが、そのような場合もここでの研鑽を是非役立てていただきたい。

ボードメンバーであれ、プロジェクト・マネージャーであれ、発信力が重要で、発信内容がＩＡＳＢサークル内で一旦評価されれば、以後サークル内での発信力がさらに増すという好循環になる。理屈に強いことが重要である。そういうこともあり、このプログラムでは、財務会計についての見識と英語でのコミュニケーション能力を磨くことにあるので、そこに触れておきたい。

財務会計の見識

カリキュラムの一つの柱はアカウンティング・プログラムである。プロジェクトＡではＦＡＳＢ国際研究員として８年のキャリアの川西安喜さん、プロジェクトＢではＡＳＢＪの前主席研究員でＡＳＢＪの基準開発をリードしてきた秋葉賢一さんに担当していただくことになっており、皆さんには、是非、食らいついていってもらいたい。

そこで身につけていただく財務会計の見識は、基本的には、会社の決算実務や監査の実務、ましてや公認会計士試験では、普通身につかないもの、財務会計及びその背景にある大きな考え方である。ＩＦＲＳと日本の関係者の意見が食い違うことがあるのは、日本と欧米で財務報告の目的に差があるからだという指摘があるが、私はそういうことより、ざっくりいうと、投資意思決定目的といったときに、投資家による企業価値評価のための将来キャッシュ・フロー予測に資するという第一義の目的意識までは共通だが、それが全面的な公正価値会計や包括利益重視を導くとは限らないというのが日本の主張だと思っている。むしろ保有時に損益に影響させない、或いは規則的に影響させるという意味を持つ原価評価が使用されるべき局面は多いということがあると見ている。貸借対照表の評価を考えるとき、常に同時にＰＬへの影響が考えられていて、ＰＬに影響させるべきか、ＯＣＩなのかというのをＢＳ評価と同時決定している。ある意味、現実のキャッシュ・フローを大事にする考え方である。ＩＡＳＢの議論の仕方では、必ずしも原価評価の重要性を強調することが見られないために、日本の関係者が不信感を抱くことがあるのではないかと思っている。それが思い過ごしか、的を射ているかは実際のところ答が見えるものではない。

不信を抱くかどうかは周りにいる人の問題で、ＩＡＳＢの議論の場に立つ人は、堂々と思うところを主張してもらいたい。これまでＡＳＢＪが主張してきたことが、日本のコンセンサスとして不変というわけではないにしても、そうコロコロ変わるものでもないと考えられるので、まずＡＳＢＪの考え方の基本を理解し、皆さんの議論の素材にしていただければ、と思う。

コミュニケーション力

私などもＩＡＳＢやＦＡＳＢその他の国際的な会計基準設定主体との議論が日本語で行われたらどんなに楽だろうと思うことがある。ＡＳＢＪが行っているＩＡＳＢやＦＡＳＢとの二者間での議論では通訳を入れている。理屈のやりとりでＡＳＢＪの主張を十分に理解してもらうためには欠かせなかった。また、通訳の方の能力も非常にレベルアップし、我々の中での会話で、特に優秀な人をＩＡＳＢのボードメンバーに育ててはどうか、という話もあった。これはあくまで冗談であるが。

多国間の会議の場では、ＡＳＢＪも通訳なしに議論を行っている。これらは、基準を決める場でないため、理屈に関してはやや軽めの議論をしていると感じている。

私は以前国際会計基準委員会（ＩＡＳＣ）のボードの議論に出ていたが、若い時であったので、明日これを言わないといけない、とホテルで興奮したこともあった。議論の仕方はIASC時代に比べてIASBのほうがより厳しくなっていると思う。ある事柄について日頃から考え抜いた人が何人もいる中での議論だからである。最初の一言をいうのは簡単というか、英作文をして臨めばいい。しかし、誰からも反応のないような軽い発言をしていてはダメで、反論や質問が来るような意見を言っていかなければならない。そしてその反応に対してのやり取りを際限なくできるくらいの理屈とコミュニケーション力を持っていなければならない。それは、考えてみれば、日本語でも同じで、わずか2往復、3往復という理屈の議論でも我々は日本語で普段どれだけしているか、ということを省みる必要がある。感情的にならずそのような議論ができるかというと、かなりの人がそのような機会は記憶がないということになるのではないかと思う。結局、英語でのコミュニケーションの能力は、日本語のコミュニケーション能力と比例し、日本語でのコミュニケーション能力が弱ければ、英語ではなおさら通じないことになると思う。したがって、このプログラムの中で思い切り議論をしていただきたい。

人的交流

財団内部で議論したとき、このカリキュラムの一部で人脈を作ってもらうという案もあった。ＡＳＢＪに来るＩＡＳＢのボードメンバーやスタッフなどと皆さんを引き合わせる場を作った上で、という話である。これはちょっと誤解されると思い、関連する文書に人脈という言葉は入れないこととした。勿論、国際の場で活躍する人たちをお招きして体験談などを聞かせていただく場は設けることとしている。これは経験を聞かせてもらう貴重な機会として拝聴してもらいたい。だがそれは人脈とは少し違う。皆さんが人脈を作るには、まずは皆さん同士が親しくなることから始めてもらいたい。将来ＩＡＳＢで活躍する人材は外国でもまだ表に出ていない若い人であろう。ここでは、まずは、能力を磨き、その能力が将来の人のつながりに結び付いていくことを考えていただきたい。確かに人柄のいい人、如才ない人は得をする。その人の発言に聞く耳を持ってもらいやすいからである。そうであれば、なおさら、発言がきちんとしていないといけない。この点をよく理解して取り組んでいただかないと、いい人でも意見を聞いてもらえなくなる。是非頭の片隅に置いていてほしい。

最後に改めて、この2年間のプログラムをやり遂げることで、国際的な会計人材としての素養を身につけていただいという期待を述べて私の話を終わりとしたい。

§17を振り返って

この稿は、入学式の校長挨拶のようなもので、スピーチを書き起こすのもいつもと趣が変わって新鮮かと思い、そのまま掲載した。ＩＦＲＳの我が国への適用に関連して、ＩＦＲＳの基準開発に日本が広く深く参画すべきという声が国内で強まった。このことに関しては日本の関係者の間で異論は聞こえなかった。ＦＡＳＦ／ＡＳＢＪは、人材プールの機会にとどまらず、実効のある教育の場を提供することを目指した。そのためには関係団体の協力を仰ぐ必要があった。外部関係者を含めたタスクフォースの設置とそこでの意見聴取等、プロジェクトの開始にあたっては、新井武広副委員長の尽力が大きく、このプログラムは新井塾と呼ばれることとなる。その開講時の関係者の熱気に私自身が動かされたスピーチとなっている。

§18

アジェンダ・コンサルテーションと日本からの意見発信

『季刊　会計基準』第37号（2012年6月）掲載

はじめに

国際会計基準審議会（ＩＡＳＢ）が公表した「アジェンダ・コンサルテーション２０１１」の意見募集については、日本として整合的な意見を発信すべく、アジェンダ・コンサルテーション協議会での意見交換等を経て、企業会計基準委員会（ＡＳＢＪ）として２０１１年11月末にコメントレターを送付した。ここでは我が国にとっての意義等について一言に留め置くが、要は国際財務報告基準（ＩＦＲＳ）に関する我が国の議論において、どのような項目が我が国にとって受け入れ困難であるかという点について、現状で、一応の集約がみられたものといえる。集約された日本の意見について、ＩＡＳＢがどの項目を取り上げるかで決着が見られるのではなく、取り上げられた項目については日本としてどう意見発信をするか、アジェンダの第一陣に取り上げられなかった項目について、その後取り上げられるようにどのようなアクションをとっていくべきかが、我々ＡＳＢＪの課題である。そこで本稿では、出されたコメントを振り返りつつ、ＡＳＢＪの今後の対応について考えていきたい。

ASBJのコメントの概要

今後3年間（2012年～2014年）は、IFRSにおいて安定的なプラットフォームの構築を優先すべきと考えることから、IASBは、基準の開発より、既存のIFRSの維持管理に重点を置くべきとし、適用後レビューの包括的実施、IFRSの解釈に関する取組みの充実を求めている。

その上で、財務報告基準等の開発については、概念フレームワークの領域が重要で、その議論の中でも、当期純利益とOCIのリサイクリング、全体的な開示内容及び量の見直しを、優先的に取り扱うべき論点としている。

さらに、各論に関しては、(1)OCIとリサイクリング、(2)公正価値測定の適用範囲、(3)開発費の資産計上、(4)のれんの非償却、(5)固定資産の減損の戻入れ、(6)機能通貨を優先的に取り上げるべき項目としている。

IASBの議論に取り上げられなければ、ASBJとしての意見発信の機会すらないことになるので、この6項目について、IASBに取り上げてもらい、ASBJを中心に強力な意見発信をしていきたいというのが我が国市場関係者を含めたコンセンサスといえよう。逆にいえば、それだけ、これらが我が国にとって悩み多き課題といえるわけである。

以下、これらの項目の主たるものについて、ＡＳＢＪがどのように道を開いていくか、考えているところを述べてみたい。

ＯＣＩリサイクル

ＩＡＳＢのアジェンダ・コンサルテーションへのコメント対応の議論は、本稿執筆時（２０１１年5月上旬）においては、これから本格化するという段階なので、どのような項目が優先的にＩＡＳＢによって取り上げられるかについては憶測を免れないが、ＯＣＩリサイクルを議論すべきという声は世界中で相当大きく、これが当初に取り上げられる蓋然性は高い。その場合、概念フレームワークを取り上げて、他の論点と区別せずに議論するか、別扱いとするかはわからないが、日本としては、この問題が中長期の議論に埋没され、なかなか結論が出ないといった事態にならないよう求めていくことになる。世界的に見ても、ＯＣＩについて、早期に理屈の立つ会計処理を求めているからである。

日本としては意見発信の機会が訪れることを想定して、リサイクルの説明方法を練っておく必要がある。純利益の意義について、２００６年の討議資料「財務会計の概念フレームワーク」にあるリスクからの解放という概念や、それに関連して、金融投資と事業投資の違いからくる利益認識（リスクからの解放）時点の相違といった観点から、旧ＩＡＳＢボードメンバーとの定期協議で説明したが、あまり理解されなかったという経験がある。日本人同士であれば、簡単にわかりあえることも、会計観が異なる可能性のある一部の欧米人には、必ずしも簡単に理解されるものではない、ということを経験した。旧ＩＡＳＢの有力者の発言から推測して、純利益は包括利益と違い、ニア・キャッシュな利益であるというアバウトな表現が、純利益の表示廃止までは思いとどまらせる一因となった可能性はあるが、リサイクルは別問題と考えられているようである。

しかし、リサイクルを支持するという同じ趣旨の説明であっても、ある説明はわかりやすいし、ある説明はわかりづらいということがあると思っている。引き続き、理解しやすく、理論的に強固な説明方法を考えていくことになる。

公正価値測定の範囲

公正価値測定もＯＣＩ同様、クロスカッティングな項目であるが、集約時点で掴めたことは、日本の意見は、二つの部分からなる点である。一つは、固定資産の再評価会計、農業の公正価値会計、投資不動産の一律選択等は見直すべきという、公正価値を当てはめる局面に関する意見である。理屈上の側面ともいえる。もう一つは、非上場株式の公正価値測定のように、理屈ではそうかもしれないが、コスト・ベネフィットから簡便法を打ち出すべきというものである。

前者について、例えば、再評価会計は世界中であまり行われていないのであれば、目くじらを立てるほどのことでもないという意見もあるし、理屈上おかしいものはおかしいというべきという意見もある。前述のOCIの議論で、ノンリサイクルといっても整合的な処理でない（例えば、IFRS第9号の株式のOCIオプションと比べて）例として、取り上げるべきという考えもあるかもしれない。

非上場株式の日本の関係者の主張はよく理解できるところであるが、現状では、レベル3（の一部）について、会計処理自体を保守的に考え直す（例えば、アップサイドの変動を純利益に含めない等の）議論が出てきていない中では、純粋にコスト・ベネフィット問題として対応していくことが考えられる。その意味で、まずIFRS第13号の公正価値に関する教育文書の議論の進捗を注視することになる。

開発費とのれん

日本の中では、根深くある論点で、ＦＡＳＦの単体検討会議で一層顕在化したものと考えている。もっとも、単体検討会議の中では、社内開発費を資産計上すべきでないという意見とのれんを償却すべきという議論は、収益費用対応の観点からベクトルが違うのではないか、という意見も聞かれた。国内的には、前者は、コスト・ベネフィット問題、後者は、収益費用対応（或いは、自己創設のれんに置き換わる）問題として捉えられているようである。我が国の懸念と正反対の立場をとる海外の一部の見方は、どちらについても、貸借対照表に本来計上されるべき項目が、適切に認識されていて心地よい、ということかもしれない。

ＡＳＢＪのコメントは、両項目とも、ＩＡＳＢに適用後レビューを求めるもので、これらの会計実務が、利用者或いは作成者にどのように受け止められているかを確認することを起点に、ＩＡＳＢに議論をオープンしてもらいたいという考えである。

ＩＡＳＢにおいて適用後レビューの対象としてもらうために、ＡＳＢＪとして何かをすべきと考え、開発費に関してはＩＦＲＳを採用している各国実務の実態と、日本のＩＦＲＳ準備企業等の意識について調査を行った。これらをまとめ、２０１２年3月の会計基準設定主体国際フォーラム（ＩＦＡＳＳ、旧ＮＳＳ会議）において、「ＩＦＲＳにおける開発費の調査」と題してＡＳＢＪから報告したところである。これらの調査は、継続中の国内の無形資産の会計基準をまとめる際にも、何らかの示唆を与えるものと考える。なお、ＡＳＢＪとしての調査がこの報告で終わったということではなく、適用後レビュー或いは議論のオープンに向け、アカデミック・リサーチなど、さらに調査内容を広げる必要があると考えているところである。

のれんについては、ＩＡＳＢハンス・フーガーホースト議長が、『経営財務』２０１２年3月12日（３０５６）号でインタビューに応えている。議長はそこで、のれんとは買収する企業の将来収（利）益であって、買収後に実際に期間利益を生み出した際に、（償却せずに）期間利益をそのまま認識してしまうと、利益を二重認識することになる、といった私見を披歴している。この発言は、我々が私的な意見交換の場で２０１２年2月頃に本人から直接聞いていたことと同じで、経営財務誌は、正確に氏の意見を聞き出していると考えている。

ただ、議長の意見が日本の多くの関係者とほぼ同じであることとは別に、世界の世論が明確な意思表示をしなければ基準は動かない。日本の作成者も、Ｍ＆Ａ当事者になれば、イコール・フッティングの観点から非償却処理支持に鞍替えするということも現実に起きている。それゆえ、これについても適用後レビューから始めようという提案をしているし、ASBJとしての何らかの調査研究が必要かもしれない。

おわりに

これまでの経験から、どの論点に関しても、また、どのような局面であっても、IASB関係者との良好な関係、緊密なコミュニケーションが欠かせない、ということは認識している。

一方、国内的に言えば、我々の主張を強く言い続けていくためには、その主張が、日本の市場関係者の支持を背景にしたものであり続けなければならない。これからの対応が、必ずしも簡単なものでなく、項目ごとに適時適切に対応していかなければならないことを考えるとなおさらである。委員会内部の議論に加え、基準審問会議、アジェンダ・コンサルテーション協議会など幅広い関係者と意見交換する場の重要性は、さらに大きくなると考えている。

§18を振り返って

ＩＡＳＢのフーガーホースト新体制は２０１１年７月に始まる。ＡＯＳＳＧ議長退任、人材開発プログラムとタイミングを外せないテーマを取り上げるうちに、アジェンダ・コンサルテーションの対応についてのこの稿は半年ほどタイミングがずれた印象を与える。

ＩＡＳＢ新体制は、アジェンダ段階から世界の市場関係者の声を聞く姿勢を打ち出し、ＦＡＳＢとのＭｏＵ優先の時代とは違うというメッセージを与えた。国内的には、この対応を通じ、ＡＳＢＪの対外的意見発信が市場関係者の合意を経て行われるという道筋に乗ることとなる。

対外意見発信は二つの面が欠かせない。国内関係者の支持と国外関係者の評価である。後者は定期協議でＭｏＵを取り上げた頃から少しずつ上がっていた。筋道の通った意見を一貫して言うしかない。ＡＳＢＪは目に見える成果（思惑通りのＩＦＲＳの改定）の前に、意見発言力強化を追求していた。

§19

ASBJにおける最近の国内会計基準の開発状況

『季刊 会計基準』第38号（2012年9月）掲載

企業会計基準委員会（ASBJ）における国内の会計基準の開発については、東京合意において2011年6月までの解決を目指した既存の差異に関するプロジェクトのうち、無形資産と企業結合（ステップ2）の二つのプロジェクトの議論が、2011年6月末時点で公開草案にも至らなかったことや、国際財務報告審議会（IASB）と米国財務会計基準審議会（FASB）のMoUプロジェクトに関するプロジェクトについては、金融商品などのプロジェクトが先方で進捗遅れになっている影響を受けるなど、全般的にスローダウンの状況にあった。

そのような中、単体検討会議（2010年9月に公益財団法人財務会計基準機構（FASF）に設置され、2011年4月に報告書を取りまとめた単体財務諸表に関する検討会議の略称）に関連するテーマといわれる無形資産、企業結合、退職給付、包括利益の4基準については、2012年の年明けから順次議論を開始したところである。これらの基準が、単体検討会議の報告等を踏まえれば、企業会計審議会で行われている我が国における国際会計基準（IFRS）適用のあり方の議論と切り離して、個々に基準化に向けた議論が可能であると判断されたためである。

本稿では、2012年の年明け以降のASBJのそれらの議論の進捗に加え、実務対応専門委員会の新たな役割についてまとめてみる。

退職給付プロジェクト（ステップ1）

最初に成果が出たのは、退職給付プロジェクト（ステップ1）に関してであり、本（2012）年5月に最終基準を公表するに至った。公開草案は2010年3月に公表されたが、本プロジェクトも連結財務諸表と個別財務諸表でそれぞれどう扱うべきかという問題を抱えているということから、市場関係者の意見集約に努め、時間をかけて解決を図ってきたものである。

最大の論点は、未認識項目を貸借対照表で即時認識する点であり、連結財務諸表においては、早い段階から合意が得られていた。個別財務諸表については、検討の末、当面の間、従前の扱いを継続することとした。これは、年金法制や分配可能額への影響の可能性等から市場関係者の合意形成が十分図られなかったことによる。

次の論点として開示の拡充があり、確定給付制度に係る事項の開示を拡充している。これらの改訂項目の適用時期は、2013年4月1日以後に開始する事業年度末として、期首からの早期適用も認めた。

三つ目の論点が、退職給付債務及び勤務費用の計算方法である。これには、退職給付見込み額の期間帰属方法の見直しが含まれ、従来の期間定額基準に加え、給付算定式基準を加えた。給付算定式基準はＩＡＳ第19号において求められる方法であり、企業によって連単で二重計算が必要となることがないよう手当てしたものである。これに割引率と予想昇給率を加えた計算方法の規定に関しては、２０１４年（実務上困難な場合は２０１５年）４月１日以後に開始する事業年度から適用とし、早期適用も認めた。

包括利益の表示

包括利益の本表表示に関しては、「包括利益の表示に関する会計基準」を２０１０年６月に既に公表済みだったが、当該基準において、個別財務諸表への適用は、基準公表から１年後を目途に判断すると明記したことから、その判断を行う基準改正が必要であった。結論的には、個別財務諸表については、当面の間適用しないこととし、実務は公表前と変わらないこととなった。また、検討対象であった包括利益計算書（１計算書方式の場合は、損益及び包括利益計算書）の名称についても、今回の改正では行わないこととしている。この他、組換調整の注記における金利スワップの特例処理や為替予約の振当処理についての考え方を整理している。

なお、このように特段の実質的改訂はないが、次に記述する企業結合プロジェクトの議論において、「当期純利益」を、少数株主持分に係る利益を含んだものに変更する議論を行っており、その結論によっては、企業結合会計基準の改正に伴う改正の可能性がある。

企業結合（ステップ2）

のれんの非償却処理の議論は、単体検討会議の報告やアジェンダ・コンサルテーションのコメントに取り上げたことを踏まえ、当面、現行の償却処理を維持する方向である。それ以外の項目で今回議論すべきこととされていたものは、少数株主持分に係る利益を含む当期純利益、少数株主との取引に係る会計処理、取得関連費、暫定的な会計処理、子会社に対する支配の喪失、全部のれん、企業結合に係る特定勘定及び偶発負債、条件付取得対価などがある。遅延しているプロジェクトの結論を得るためにも、これらのうち、対象を絞って議論を進め、その他のものは、今回の基準改正の対象外として継続検討することで合意している。前述の少数株主持分に係る利益の扱い（連結当期純利益の指す意味の変更）などは対象となる方向である。ただし、改正のいかんにかかわらず、親会社に係る当期純利益の重要性は引き続き強調されるべきものと考えている。

また、支配の喪失は、段階取得の処理との整合性から取り上げるべきという声があがっているが、ステップ1の結論にステップ2のそれを合わせるだけでよいか議論が必要になるものと考える。

無形資産

主要な論点である社内開発費の資産計上は、単体検討会議の報告やアジェンダ・コンサルテーションのコメントに取り上げたことを踏まえ、当面、現行の費用処理を維持する方向である。これ以外の論点に関して基準化を図るべきか、あるいは特定の項目に関する指針を作成するべきか検討中である。論点には、無形資産の定義及び認識要件、耐用年数が確定できない無形資産の取扱い、借地権、仕掛研究開発の個別買い入れ、繰延資産の取扱いがある。

実務対応専門委員会

ASBJの議論は、東京合意以降、コンバージェンスを中心に据えた議論が多かったため、国内基準の実務上の疑問や新たな取引等への対応が、必ずしも十分に行えず、実務対応専門委員会も休止という状況にあった。実務の課題への対応を再び強化するには、ＦＡＳＦの内部組織である基準諮問会議でのテーマ提言の機能を活性化することと併せて検討する必要があった。本（２０１２）年7月の基準諮問会議において、テーマ提言のフローを明確にする中で、基準レベルでなく、実務対応レベルのテーマについては、必要に応じて実務対応専門委員会がテーマ内容を評価した上で、提言の要否を諮問会議で決めることが合意された。

これを受け、実務対応報告の原案の作成のみならず、テーマ提言に当たっての評価機能も担うものとして実務対応専門委員会を再組成することとなったものである。最初のテーマ候補としては、日本版ＥＳＯＰが早速評価項目となっているが、この専門委員会がうまく機能するように努めていきたい。

最後になるが、ＡＳＢＪ／ＦＡＳＦは昨（２０１１）年夏に設立10周年を迎えており、10年史刊行の作業が、１年余りをかけ、大詰めを迎えている。本（２０１２）年秋に刊行の見通しであり、資料として価値のあるものとなることを期待している。

§19を振り返って

連結先行を模索していた§11から2年を経てこの稿は書かれている。単体検討会議の結論を得て国内基準開発がゆっくり前に進んだ。それぞれのプロジェクトの方向性は2011年の委員会で既に出してあり、具体的な扱いを決める議論が進んだ。退職給付会計を先頭に、4基準について具体的な議論の概要を示している。

ASBJではIASBのMoUプロジェクトに合わせていくつものプロジェクトを議論してきた。そこでの意見発信は将来の国内基準への跳ね返りを想定してのものであったが、国内基準のコンバージェンスを進めていくのは、もう少し落ち着いてから、というのがこの時の状況であった。

連結先行の考え方は、迅速なコンバージェンスに使うために発想されたと思うが、結果的に退職給付や包括利益はもうこれ以上進めないというように使われ、のれんや開発費では使うことの賛同も得られなかった。

§20

IASBによる各国会計基準設定主体との関係強化とASBJの対応

『季刊 会計基準』第39号（2012年12月）掲載

本稿では国際会計基準審議会（ＩＡＳＢ）による各国会計基準設定主体との関係強化の構想とそれに対応した改行会計基準委員会（ＡＳＢＪ）の現状と今後の活動方針を記すこととする。ＡＳＢＪの国際活動は、国内会計基準開発活動のように成果が最終公表物の形で見えるものではなく、国内市場関係者に十分に広報する必要を感じているためである。

ＡＳＢＪの国際活動の現況

ＡＳＢＪにおいては、国内基準開発がスローダウンしている一方、ここ数年国際的な活動の場が従前に比べ相当増加してきている。それも、ＩＡＳＢ、ＦＡＳＢとの定期協議のようなバイラテラルな活動以外の、マルチラテラルな活動の活発化が目立つ。

例えば、旧来ＮＳＳと呼ばれていたＩＦＡＳＳ会議（自由参加制で直近のチューリッヒ会議では世界から32か国が参加）においてはリサーチ活動が盛んに公表されており、ＡＳＢＪも近年随時リサーチ報告を行っている。地域の活動にはアジア・オセアニア会計基準設定主体グループ（ＡＯＳＳＧ）があり、年１回の総会が基本で、議長時代に設置した議長諮問委員会（ＣＡＣ、ＡＳＢＪを含む７設定主体が構成メンバー）が電話、ｅメール等の通信手段によって議長国をサポートしている。会議への物理的な参加は、総会以外にインフォーマルな会合が数回行われる。これは、ＩＦＡＳＳ会議や地域ポリシーフォーラム（ＡＯ地域の規制当局者を中心に設定主体が加わるもので最近年1回定期的に開かれている）の機会を利用して、開催地に集まったＡＯＯＳＳＧメンバーが、番外として意見交換をするものであり、ここにも当然ＡＳＢＪは参加している。

各国設定主体によるこれらのマルチラテラルな活動は、ここまで各国間の情報交換の意味が大きく、国際財務報告基準（ＩＦＲＳ）の開発に直接深くかかわるというところまでは至っていなかった。

しかし、ＦＡＳＢとのＭｏＵの終了の機会に合わせて、ＩＡＳＢが構築を目指している各国会計基準設定主体との関係強化のための新たな構想は、情報交換にとどまるものでなく、関係する各国会計基準設定主体にとってＩＦＲＳの開発にタイムリーに直接的な意見発信をするという点で、重要な意味を持つ可能性が高い。ＡＳＢＪとしてはＩＡＳＢのこのような動きに対し、初期対応をとっている。ここではＡＳＢＪの対応の現状と今後の方針を示すこととする。

リサーチ活動の活発化

２０１２年５月に公表されたＩＦＲＳ財団のデュー・プロセス・ハンドブック（ＤＰＨ）草案によれば、ＩＡＳＢが大きな基準の設定、改定を行う場合、そのプロセスの最初の段階に必ずリサーチを行うべきと位置づける意向である。基準つくりにおける〝急がば回れ〟と考えられる。アジェンダ・コンサルテーションへのフィードバックを議論したＩＡＳＢの２０１２年５月のボード会議のアジェンダによれば、排出量取引量スキーム、共通支配下の企業結合に関する調査を再開するとともに、割引率、持分法会計、無形資産、資本の特徴を有する金融商品、非金融負債等のプロジェクトについてリサーチを行う方向が示されている。

ＩＡＳＢはアジェンダ・コンサルテーション対応の基準開発において、概念フレームワーク（ＦＷ）に全面的に取り組むこととしたことから、リサーチ・プロジェクトに割けるＩＡＳＢスタッフのリソースには限界がある。そこでリサーチを各国会計基準設定主体に丸投げしないものの、ＩＡＳＢのパートナーとして各国会計基準設定主体の貢献に期待していると考えられる。ＡＳＢＪは、特定の狭い領域のものより、基準横断的な分野に貢献することが、これまでのＡＳＢＪの蓄積から考えて相応しいと考えている。これらのリサーチ活動の本格化はまだ若干の時間を要するとみられるため、どのように参加していくかは十分練っておきたい。

ＡＳＢＪとしては、このようなリサーチとは別に、喫緊の課題としてアジェンダ・コンサルテーションで掲げた我が国が受け入れることが難しい問題を、ＩＡＳＢが取り上げるようにするため、或いは取り上げた中での議論に直接的に資するための、リサーチを始めている。

アジェンダ・コンサルテーションでは、純利益とＯＣＩ（リサイクリングを含む）、公正価値測定の範囲、無形資産、のれんの減損と償却をＩＡＳＢが取り上げるべき個別プロジェクトとして主張したが、それらについてリサーチを進めているところである。

前二者は、ＦＷで議論される項目である。資産負債の差額である純資産の資本取引以外の増減という定義を持つ包括利益は、定義そのものがクリーンサープラスを指している存在であるのに対し、純利益は包括利益の小計なのか、あるいは包括利益同様、長期的にはキャッシュの純増減の合計と一致すべきものかというリサイクル要否の議論がある。純利益は概念上定義が難しいとされている中、国内的には圧倒的にリサイクル論が強いことを背景に、ＩＡＳＢの議論に貢献していかなければいけないところである。

公正価値測定の範囲は、ＦＷの測定の部分に関わり、また、その範囲の広さがＯＣＩの広さに連動する面がある。したがって前二者は整合した議論が期待されているところで、我々の議論も両方に目配りししく必要がある。

後二者は、ＩＡＳＢとしてアジェンダに取り上げるところから始めなければならないので、当面のＡＳＢＪのリサーチは、ＩＡＳＢが適用後レビューで取り上げるようにするためのリサーチである。無形資産については、ＩＦＲＳの適用状況の調査からアカデミックな実証研究まで進める予定である。

のれんについては、欧州財務報告諮問グループ（ＥＦＲＡＧ）とＯＩＣ（イタリアの会計基準設定主体）が、減損のみのＩＦＲＳ基準を適用するＥＵ企業や利用者、基準設定主体に対し、アンケート調査を試みているので、この取り組みへの協力の形をとりながら、日本の市場関係者の考え方を分析しているところである。

会計基準アドバイザリーフォーラム構想への支持と対応準備

本稿執筆中にＩＦＲＳ財団より、会計基準アドバイザリー・フォーラムを設置する提案に関するコメント募集が公表された。提案内容は、参加国の地域割案、署名を求めるＭｏＵ文言案を含んでいる。

この提案に至るまで、IASBは各国会計基準設定主体との関係を強化し、公式化することを目的に会計基準設定主体によるフォーラム構想を議論してきた。2012年3月のマレーシアでのIFASS会議で議論されたときには具体性を伴っていなかったが、その後、IASBやIFRS財団内部で議論され、2012年10月中旬のトラスティ会議で素案が議論されたと仄聞している。2012年10月下旬のIFASSチューリッヒ会議での議論は、より具体的であり、その時の議論や同時にロンドンで行われたIFRS諮問会議（IFRS-AC）等も踏まえ、今回公表された提案となっている。

チューリッヒ会議において、私からはASBJとしてフォーラムの設立を支持すること、日本はMoUへの署名にネガティブではないこと、我々は、誰がメンバーになるかを考えるより、この会議体で会計基準設定主体が質の高い議論を行って貢献することが重要である*との意見を述べた。その上で、参加設定主体にMoU署名というフォーマリティを求める一方で、IASBはこの会議を定款上の内部機関に位置付けない立場をとっていることでフォーマリティについての両者のバランスがとれているか質問をした。

これについては、定款変更が5年に一度の見直しプロセスを経て行われるものであるとの回答があり、今回の提案では、将来定款に定める可能性について言及されている。

確かに今回の構想は、実験的要素があると思われる。各国会計基準設定主体は、国や地域の市場関係者の意見を最もよく集約していて、国際組織としてその意見を聞くことの意味は大きいが、一方でそれだけに各団体は自らの意見の地域的な正当性を背景に、これだけは、と譲らなくなるリスクもある。今回、フォーラムの設置にあたって、ボードの独立性が強調されていることからIASB内にも懸念があるようである。ASBJも含め、参加者の主張と協調のバランス判断が難しいことは間違いない。

提案へのコメント期限は、本誌が発刊される2012年12月半ばであるが、この提案に関しては、ASBJとして新しい構想を全般的に支持することが考えられる。日本の市場関係者からもこのような試みに対して支持するコメントを提出戴けるのではないかと期待している。

概念フレームワーク・プロジェクトのディスカッション・ペーパーの公表を2013年上期としている等の事情から、IASBがこの会議を例えば最短で2013年春等早い時期から開催したい可能性がある。ASBJとしては、質の高い議論ができるよう準備を急がなければならないところである。

§20を振り返って

2012年11月半ばのIFRS財団アジア・オセアニア・オフィスの開所式がIFRS財団やIASBの主要メンバーを招いて開催されたが、この稿はその前に書かれたものである。ASBJが東京オフィスの活動に全面的に協力する旨を私は開所式の挨拶で述べた。余談だが、このときの挨拶の中で、いくつかジョークを言ったが、空振りに終わったものがある。それは、私は会計基準の世界に来てからまだ20年程度の新人である、というものである。実はこの世界には20年以上の選手がごろごろいて、一部の外国の来賓には言葉通り受け取られてしまったようである。

ASAFの設置構想についてコメント募集が公表されたことにより、この稿で初めてASAFを取り上げた。この後のチェアマンズ・ボイスでは§23を除き毎回ASAFを取り上げることになる。ASAF構想には当初から積極的に乗るべきと考えたが、MoUのあり方だけは慎重に検討する必要があった。IFASS会議で「誰がメンバーになるかより会議体がIASBの議論に貢献する方が大事だ」と発言しているのは、正直なところASBJがメンバーに選ばれる自信があったからである。フーガーホースト議長がＡＳＢＪのいない場でも日本との定期協議での議論の仕方が良いと言っているという情報が入っていた。氏はＡＳＢＪが作成するペーパーがシンプルで問題の所在がわかりやすいと我々には言っていた。ペーパーに関しては、ＩＡＳＢやＦＡＳＢとの定期協議を繰り返す中で、ＡＳＢＪスタッフが努力を重ね、技を磨いたものである。スタッフ各位に感謝している。

§21

2013年ASBJの新しい課題

『季刊　会計基準』第40号（2013年3月）掲載

２０１３年の最初のチェアマンズ・ボイスであるので、企業会計基準委員会（ＡＳＢＪ）の新しい課題についてまとめてみたい。

前号（本書§20）において、会計基準アドバイザリー・フォーラム（ＡＳＡＦ）の設置について触れたが、前号執筆時（２０１２年11月上旬）がＡＳＡＦ設置に関する意見募集に対するＡＳＢＪとしてのコメント提出前であり、その後の展開とともに、そこで議論される内容を含め、本稿ではその後のＡＳＢＪの対応について触れることとする。本稿執筆時点（２０１３年２月上旬）では、ＡＳＢＪの参加が決まったものではないが、ＡＳＢＪの参加を念頭に書きすすめることとする。ＡＳＡＦの設置のようにスピード感のある案件について、年４回のみの刊行で、執筆から発刊まで１か月半ほどの開きのある季刊誌において、タイムリーにアップデートするのはやや困難であるが、できる限り最新の情報で執筆していくこととする。

ＡＳＡＦの設置を前にして

国際会計基準審議会（ＩＡＳＢ）が提唱するＡＳＡＦという会議体は、ＩＡＳＢが、各国或いは地域会計基準設定主体との公式な関係を構築するもので、そこからテクニカルな議論の大きな方向性についての助言を受けるものとされる。デイビッド・トゥイーディー議長時代の、米国財務会計基準審議会（FASB）とのMoUに基づくバイラテラルな関係中心の基準作りから、ハンス・フーガーホースト議長時代の新たな枠組みとして、バイラテラルな関係を終わらせ、マルチラテラルな関係へ移行することを目指すものと言える。ASBJとしては、IASBとの定期協議というバイラテラルな場を有していたので、マルチラテラルな場でASBJのインプットが薄まりかねないというデメリットは感じている。しかし、IASBが、地域や各国会計基準設定主体の存在価値を認め、国際財務報告基準（IFRS）作成にその助言を生かそうとしている以上、その構想に対しては、いち早く賛成し、そこに参画して積極的に意見発信するという意思表示をしてきたところである。

前号執筆（2012年11月上旬）以降、2012年12月半ばの意見募集期限までにASBJとして設置案を支持する一方、ASAF参加メンバーとIASBの間のMoU案の内容に関しては若干の懸念を示すコメントを提出した。その後、2013年1月のIFRS財団のトラスティ会議を経て、2013年2月冒頭に、会計基準アドバイザリー・フォーラムの設置に関する提案のフィードバック文書がIFRS財団から公表された。

そこでは、参加メンバーのMoUにおけるコミットメントが、幅広いコメントを踏まえ、コメント募集文書から大幅に見直され、「全面的で修正なしのIFRSのエンドースメント／アドプションを徐々に促進するために最善の努力をすること」の文言は削除された。また、意見募集文書になかったIFRS財団のコミットメントとして、ASAFメンバーの独立性の尊重等が含まれることとなった。これらを踏まえると、ASBJが仮にこのコミットメントによるMoUを締結するのであれば、障害はないと判断している。なお、参加メンバーの総数（12）や、アジア・オセアニア地域(3)、地域枠外世界枠(2)などの地域割は、コメント募集文書から変わっていない。

ASBJでは、フィードバック文書の公表を受け、直ちに、立候補書類の提出準備を進めているところである。今後の予定としては、2013年2月末日で立候補が締め切られた後、3月のどこかの時点で参加団体が確定され、4月初旬にも第1回ASAF会議が開催される予定とされている。

ASAFで最初に取り上げるアジェンダは概念フレームワークとされる。概念フレームワークは、報告企業、OCIを含む表示、開示、構成要素、測定の五つのトピックを含むとされ、2010年の改訂時のような部分的に置き換えるアプローチを取らず、一気にすべてに取り組むこととしている。これまでのようなFASBとの共同プロジェクトではなく、IASB単独プロジェクトして位置付け、2013年7月にDP（ディスカッション・ペーパー）を公表し、2014年夏に公開草案＊、2015年の第3四半期に最終公表という野心的な計画を掲げている。

この概念フレームワークの検討には、ASBJが我が国市場関係者の意見を集約して作成したIASBのアジェンダ・コンサルテーションに対するコメントで取り上げるべきとした当期純利益とOCI、公正価値測定の範囲という二つの基準横断的な論点が明確に含まれている。

その意味で、概念フレームワークの議論にASBJが意見発信していく意義は我が国にとって極めて大きいと言える。

IASBは、DPの基礎となる、スタッフによるDPの議論の土台となるペーパーを2013年2月にも表に出す予定である。我々としては、それに素早く対応していかなければならない。具体的な意見発信の内容は、ASBJ委員会の議論の対象にもなろうし、さらに幅広く、我が国市場関係者の支持が得られるよう市場関係者とのコミュニケーションを十分とる必要があると考えている。

具体的論点については、可能であれば、次回以降この欄で概要を紹介できる機会が作れればと考えているところである。

人材開発とスタッフ派遣のさらなる展開

ASBJでは、近年、IASBに専門スタッフを原則2名ずつ2年間にわたって派遣している。現在のロンドン駐在者2名は2013年末で任期切れとなるので、2014年からの派遣に向けた選抜試験受験者の公募を1月末日に締め切り、選考手続きを進めているところである。

一方、ASBJでは、財務会計基準機構（FASF）の事業として2012年1月から会計人材の開発支援プログラムを開始し、主に国際的な会計人材の中長期的な養成を目指している。このプログラムは2年で1期とされていて、2013年で1期生がカリキュラムを修了することになる。このため、上述の派遣者選抜試験に会計人材開発支援プログラムのプログラムA（比較的若手から構成され、IASBでのプロジェクト・マネージャーを目指すカリキュラム）の受講者も数多く応募しており、プログラム出身の派遣者第1号が出る可能性もある。そのような若手にとっては、IASBスタッフという経験も、長い目で見た研修の一環の色彩がある。通常、直ちにプロジェクト・マネージャーに就けることはない。その点、ASBJなどで豊富な経験を積んだ人材が、即戦力としてIASBのより大きなプロジェクトの起草に参画することは、IASBの議論への明確な貢献となりうる。可能であれば、公募合格者とは別に、そのような経験豊かな人材のＩＡＳＢへの派遣ないし参画が実現するよう*、ＡＳＢＪとして必要な支援をしたい。

また、会計人材開発支援プログラムについては、２０１３年夏を目途に、１期生の研修プログラムの実施状況を踏まえた見直しを行い、２０１４年からの２期生への研修プログラムをアップグレードすることを検討しているところである。

国内の実務問題の解決

最後に国内問題に目を転じることとする。国内基準の開発や大きな改定については、ＩＦＲＳの国内での適用問題に関する議論の方向性が見えない限り、２０１３年における大きな進展は難しいと考えている。そのような中で、いわゆる維持管理にあたる実務上の問題の解決は、ニーズに応じて、適時に行っていかなければならない。そのためには、ニーズを拾い上げ、ＡＳＢＪのテーマに取り上げるかどうかを審議する枠組みが重要と考えられた。２０１２年に枠組みを見直し、基準諮問会議における実務対応レベルのテーマ提言のプロセスとして、諮問会議の前に実務対応専門委員会でテーマ評価を行うことを明確にした。そのプロセスを経た提言を受け、信託を利用した従業員への自社株式の付与スキーム持株プラン（日本版ＥＳＯＰ）の会計上の取り扱いについて実務対応専門委員会で議論が始まっている。２０１３年においては、そのような議論を単発で終わらせることなく、今後提言されるテーマについても市場関係者のニーズを踏まえて、成果を出していきたいと考えている。

§21を振り返って

ＡＳＡＦの設置が間近に迫っている時期である。

概念フレームワーク（ＦＷ）のプロジェクトについては、純利益をＦＷで位置付けるという初めての試みや、ＯＣＩリサイクルの考え方を取り上げるということで、基準ではないが国内の期待が高いものであった。公開草案の公表は２０１５年にずれ込んでいる。

文中にあるＩＡＳＢスタッフ（ロンドン駐在）の選抜試験により、２０１２年から始まった人材支援プログラムの受講生１名が合格して２０１４年初より赴任した。また、別枠の経験豊かな人材として日本銀行からＡＳＢＪに出向していた山下裕司氏が２０１３年央に、マクロヘッジ・プロジェクトのために派遣された。

§22

第1回ASAF会議とIASBとの定期協議最終回を終えて

『季刊 会計基準』第41号（2013年6月）掲載

第1回の会計基準アドバイザリー・フォーラム（ASAF）会議は2013年4月8、9日に、ロンドンの国際会計基準審議会（IASB）本部のボード会議室において開催された。丁度1か月後の5月9、10日には、IASBとの公式的な定期協議の最終回が東京の企業会計基準委員会（ASBJ）オフィスで開催された。

ASAF会議の当初メンバー

米国財務会計基準審議会（FASB）との共同ボード会議を通じて進めてきたMoUプロジェクトが概ね完了に向かう中で、幅広い会計基準設定主体との多国間の関係をIASBが構築し、そこからのインプットをIASBの基準開発に生かすため、IFRS財団はASAFを設置した。いわゆるバイからマルチへ、という明確なコンセプトに基づくものである。

新しい会議体の立ち上げにあたっては、当初の12メンバーの選定で混乱することは好ましくなかった。この点で、IFRS財団及びIASBの首脳陣による短期間での周到なメンバー選定が、スムーズな会議の実施を可能にしたと考える。

米国はASAFのMoUに署名可能か当初不透明であったが、IASBではFASBへの参加を強く希望しており、MoUのハードルを当初案より下げるなどして、FASBの参加を可能にした。欧州については、EUのエンドースメント評価機関である欧州財務報告諮問グループ（EFRAG）が参加することが欠かせないとIASBは考えたと見られる。欧州の一部にはEFRAGではなく、欧州の各国設定主体だけから参加すべきという意見があった。しかし、IASBは早い段階からEFRAGの参加を強く示唆し、混乱を避けようとしていた。アジア・オセアニア（AO）でアジア・オセアニア会計基準設定主体グループ（AOSSG）が選ばれ、南アメリカ（ブラジルに代表される）やアフリカ（南アフリカに代表される）など地域団体が網羅されたことはEFRAGの選任と無関係ではないと見られる。AOSSGの場合、EFRAGと異なり、バーチャルな団体であり、AOが世界枠の一つをとっても（結果的に欧州とAOに1枠ずつ配分された）AO国の枠が増えずAO主要国間の争いの要因となり得た。そういう波乱要因があった中で、ASBJについては、早い段階から枠が確保されているようなメッセージがIASB幹部の発言で世界に発信され、ASBJの選出は当確という雰囲気が流れたおかげで、国内で無用な不安が生じることもなかった。

第1回ASAF会議の会議内容

第1回のASAF会議はハンス・フーガーホーストIASB議長の議事進行のもとで進められ、概念フレームワークには2日で8時間の議論が行われた。概念フレームワークの純利益に関して言えば、以前の財務諸表表示プロジェクトの初期に包括利益計算書で純利益を非表示とする方向で議論していた頃に比べれば、概念の中で明確に位置付けるという目標を持って臨んでいることは間違いない。

その上で、リサイクルを必要とする橋渡し項目等（貸借対照表目的と損益計算書項目とで資産負債の測定が異なる場合にOCIでつなぐ）の考え方の整理を行っている点も評価できる。ただ、橋渡し項目等以外にもOCIが出る場合があるという方向に行くと、リサイクルしないものを容認することになる。ASAFにおいても、日本と異なり、損益は2度発生すべきでない（リサイクルを全否定する考え方）という持論を述べたASAFメンバーもおり、ボードでの今後の議論を注視する必要がある。

会議は、概念のほか、会議の進め方、金融資産の減損等が議論された。進め方に関しては、ASBJが狙っている会議資料作成を可能とするための手続を求めた。

第1回ASAF会議のIASBボードメンバーからの参加者は、議長のほか、副議長、概念フレームワーク担当のボードメンバー（ボードアドバイザー）が参加したが、基本的には聞き役に徹していた。

第1回ASAF会議の内容については、4月の企業会計審議会で報告する機会を得た。審議会はIFRSの国内での扱いを審議しており、そのIFRSを巡る環境の一つとしてASAFについて説明を求められたと考えている。

ASAFへの国内対応

ASAF参加メンバーは個人的意見を期待されるのでなく、国や地域を代表する意見を発信することが期待されている。第1回は参加メンバーの決定から会議までの期間が短く、我が国での意見集約の機会を持つことは困難であったが、ASAFの前週にアジェンダ・コンサルテーション協議会を開き、市場関係者の主要な意見を聴取することができた。

今後、国内のASAF対応の枠組みを明確化し、それらを定期的に開催することで意見集約を常時行っていくことが必要となる。その場合、2011年のIASBアジェンダ・コンサルテーションへのコメント対応のために市場関係者を集めたアジェンダ・コンサルテーションに関する協議会は、金融庁とFASFが共同開催する形で、いわゆるオールジャパンの意見集約にとって優れた枠組みであり、名称変更を含む改組*をして継続していくことが期待される。

より専門的な場として、ＡＳＢＪの専門委員会制度に乗せてＡＳＡＦ対応専門委員会を２０１３年５月に設置した。この会議は通常の専門委員会同様公開で審議が行われることとなる。

いずれにせよ、日本のみならず各国でもＡＳＡＦへの期待感は引き続き高いものとみられる。市場関係者はＡＳＡＦがＩＡＳＢボードのような決定の場ではないとわかっていても、自らの声がＡＳＡＦメンバーに届くことに期待しているものと思う。ＡＳＢＪとしては、日本の意見に関して十分な発信をしていくこととなる。

ＡＯＳＳＧのＡＳＡＦ対応の枠組み

ＡＯＳＳＧではＡＳＡＦメンバーに選ばれない主要国が出ることが想定されることから、昨（２０１２）年11月のネパールでの総会時から、ＡＳＡＦへのＡＯＳＳＧとしての意見発信の枠組みが必要であるという議論がなされていた。具体的にはＡＯＳＳＧ内にＡＳＡＦワーキング・パーティが組成され、ＡＯＳＳＧを代表する香港（現ＡＯＳＳＧ副議長国）が各国の意見をまとめて、ＡＳＡＦで発言することとなった。ＡＳＡＦの当面の大きな議題である概念フレームワークについては、大きなプロジェクトに対応して組成されるワーキンググループが設置され、日本がリーダー国となった。

概念フレームワークに関する意見集約はＡＳＢＪの関口智和委員が電話会議の結果を踏まえて取りまとめることとなり、香港はそれを基に第１回のＡＳＡＦで発言を行った。

ＡＳＡＦメンバー間での意見交換

ＡＳＡＦはアドバイザリー・フォーラムであるため、ＩＡＳＢに対し、どう影響力を強めていくか、考えていかなければならない。メンバーが一致した意見を持てれば、相当強い意見になるが、現実にはそのようなことが期待できる方が稀である。このため、ＡＳＢＪでは常に他のメンバーの考え方を把握したり、意見交換をしておく必要があると考えている。

ＦＡＳＢとは２００６年から定期協議を継続してきた。ＦＡＳＢとの定期協議はもともとＩＡＳＢへの意見発信力を強める狙いがあったので、これを続けることのメリットは大きいと考える。レスリー・サイドマン現議長に代わるラッセル・ゴールデン新議長

（２０１３年７月に就任予定）との間では２０１３年秋に東京で開催するＡＳＢＪ／ＦＡＳＢ定期協議の日程を決めたところである。

ＥＦＲＡＧとの会合はこれまで不定期に行っており、直近では今（２０１３）年の３月にブラッセルで１日半の会合を持っている。これをフランソワーズ・フローレス議長と合意して、年１回の定期会合化するとともに、ビデオ会議をそれ以上頻繁に行うこととし、２０１３年６月下旬に３時間のビデオ会議を開くこととしている。

第17回ＡＳＢＪ／ＩＡＳＢ定期協議の会議内容

定期協議においても最も時間を割いたのは概念フレームワークであった。第１回のＡＳＡＦで日本の主張は口頭ベースで述べてきたが、定期協議の場合は、会議資料をＡＳＢＪ側が作成しているので、より論理的な説明を行う機会とすることができた。概念フレームワークについては、純利益とＯＣＩ、測定、開示、認識と認識の中止、その他に分割して議論を行った。ここでもＯＣＩと測定のリンクを強調し、橋渡し項目等をベースに議論を行った。

金融資産の減損については、ステージ分けをして最初のステージについて１年分の予想損失を見込むことには賛成するが、ステージ1からステージ2への分類替に著しい信用の悪化を求める相対アプローチについては、反対の立場で議論をした。

公式会議の終了後のIASBとの関係強化

定期協議が終了した2013年5月10日の昼の時間帯にフーガーホースト議長とともに、記者会見を行い、同日公表のプレスリリースに記載の通り、両者の緊密な関係を継続し、さらに強化することを表明した。

ASBJとしては、IASBとの緊密な関係が強い発信力のためには欠かせないと考えている。定期協議が終了したこの時点から、信頼に基づく多層的な関係を深めることで、関係の更なる緊密化を進めていくことになる。

緊密な作業としてフーガーホースト議長が本号の対談でも述べているリサーチに関し、ASBJが積極的に取り組むことがまず考えられる。

直接的人的貢献として、現在、ASBJから2名のスタッフをIASBスタッフとしてロンドンに送っているが、さらにハイレベルな貢献を目指して、川西安喜国際担当ディレクター（あずさ監査法人）がスタッフとして2013年5月から正式に参加する。概念フレームワークについては長年ＦＡＳＢで概念プロジェクト担当であったＦＡＳＢのディレクターが既にＩＡＳＢの概念プロジェクトに関わっているが、川西ディレクターもＦＡＳＢで概念プロジェクトに関わってきた実績が評価されたものとみられる。川西ディレクターは２０１３年４月からＡＳＢＪの国際担当ディレクターに就任しているが、この10年ＦＡＳＢの国際研究員でもあり、今回、ＩＡＳＢの概念担当スタッフとなることで、同時に３設定主体に関与するという稀有な立場となった。同氏の概念フレームワーク・プロジェクトへの貢献を大いに期待するところである。スタッフ派遣の充実はさらに進めたい。加えて常時情報交換や意見交換を行っていくことも重要であり、常勤委員ディレクターレベルでの双方の活動のアップデートやスタッフレベルでの個別論点等についての意見交換の頻度を高めること等を行っていきたい。

§22を振り返って

§20、21で取り上げたＡＳＡＦがこの稿から動き出す。対外意見発信の場がバイからマルチに変わった瞬間である。ある程度の情報は掴めていたので、参加メンバーについてそれほどの驚きはなった。初開催の冒頭にはＭｏＵの署名や写真撮影などが行われた。

マルチの会議で成果を収めるためには、他の参加者の考え方との日頃の意見交換が重要になる。初回会議以来、ＦＡＳＢやＥＦＲＡＧと期間中に個別の意見交換を始めた。

ＩＡＳＢとの定期協議は市場関係者の理解の下に東京で終わらせることがよいと思い、初回のＡＳＡＦより後の２０１３年５月に最後の会議を開催し、フーガーホースト議長との間で、今後の緊密なコミュニケーションを約束した。

国内で大局的な意見聴取をする場になっていたアジェンダ・コンサルテーションに関する協議会は、２０１３年９月にＩＦＲＳ対応方針協議会と名前を変えて定期的に開催され始める。

3設定主体に関与する川西安喜ディレクターに触れている。ASBJがFASBにスタッフを派遣したのは、FASBとの定期協議よりも古く2004年1月のことである。このとき、公募に応じた者の中から選ばれたのが川西研究員（当時）である。氏はFASBの国際研究員として当時のボブ・ハーズ氏をはじめ、歴代FASB議長に評価され、ベースを東京に戻してからも国際研究員の立場を続け、ASBJとFASBの信頼関係の醸成に寄与した。

§23

エンドースメントされたＩＦＲＳの策定

『季刊　会計基準』第42号（２０１３年9月）掲載

はじめに

企業会計基準委員会（ＡＳＢＪ）は、設立以来、母体の公益財団法人財務会計基準機構（ＦＡＳＦ）の定款にある、一般に公正妥当と認められる国内会計基準の開発と国際的な会計基準の開発への貢献の二つを大きな活動としてきた。企業会計審議会から２０１３年６月に「国際会計基準（ＩＦＲＳ）への対応のあり方に関する当面の方針」（以下、ＩＦＲＳに関する当面の方針という）が公表され、その中でＩＦＲＳのエンドースメント手続がＡＳＢＪに負託されたことで、新たな役割が加わった。

エンドースメントされたＩＦＲＳの策定作業は速やかに行われることが期待されており、当面は、会計基準アドバイザリー・フォーラム（ＡＳＡＦ）での国際的な意見発信とともに、この活動がＡＳＢＪの活動の中心となることは間違いないので、現段階（２０１３年８月上旬）での方向性を概観したい。

ⅠＦＲＳのエンドースメント手続に関する提言

ＩＦＲＳに関する当面の方針では、ＩＦＲＳの対応のあり方に関する基本的な考え方として「単一で高品質な国際基準を策定する」という目標に我が国として主体的に取り組むことの重要性を認識した上で、ＩＦＲＳの任意適用の積上げを図ることとしている。そのための三つの方針のうち、「任意適用要件の緩和」は任意適用可能企業という母集団数を増やすことで任意適用を増やすという施策であり、「単体開示の簡素化」は従来からの財務諸表作成者の要望にこの機会に応えるものと考えられる。

エンドースメントされたＩＦＲＳの仕組みの設置は、「ＩＦＲＳの適用の方法」において提言されている。現在の指定国際会計基準が実態的にピュアなＩＦＲＳのアドプションとなっていると認識した上で、エンドースメントの仕組みの採択により、任意適用企業数の増加を図る中で、我が国における非常時の対応や柔軟な対応を確保できるものとしている。加えてエンドースメントされたＩＦＲＳは、国際会計基準審議会（ＩＡＳＢ）に対して意見発信を行っていく上で有用であるとしつつ、エンドースメントが前向きな取組みであることへの国際的な理解を得ることとの必要性に言及している。

具体的なエンドースメントの手続については、会計基準の策定能力を有するＡＳＢＪにおいて検討を行い、当局（金融庁）が指定するとしている。世界の各地域で一般的に使われるエンドースメントという用語で言えば、金融庁の指定を含めたところまでが、エンドースメントということになる。

ＡＳＢＪのこれまでの経験

ＡＳＢＪとしてはエンドースメントの経験は当然ないが、その前提となる日本基準とＩＦＲＳの差異の分析については、過去に大きく二度経験している。

はじめは、ＥＵにおける同等性評価で、ＣＥＳＲ（欧州証券規制当局委員会）が、２００５年に提言を公表する以前、ＣＥＳＲの主要メンバーが来日してＡＳＢＪと意見交換の場を持った。ＡＳＢＪサイドでは、差異分析を行って対応した。

比較的短期間に解決可能な短期プロジェクトは、その後、東京合意に基づいて組み替えられた。そのときの短期プロジェクトの一つであった在外子会社の会計処理の差異をなくす実務対応報告18号においては、当面の取扱いとして、ＩＦＲＳなどで作成された海外子会社の財務諸表であっても、限定した6項目の修正を行えば、網羅的な調整は求めないものとした。

２回目の経験は、２０１１年のアジェンダ・コンサルテーションに対するコメント対応である。ＡＳＢＪではコメント対応を行う上で、日本基準とＩＦＲＳの詳細な差異分析を行い、市場関係者と意見交換を行った。その結果、我が国として受け入れることが難しい可能性のある項目として、（ノン）リサイクリングやのれんの（非）償却など６項目を見出し、ＩＡＳＢに対して何らかの形で検討を行うようコメントしている。市場関係者と十分な意見交換を行った結果、他の団体からもＡＳＢＪと整合性のとれた意見がＩＡＳＢに対して発信された。

ＩＦＲＳに関する当面の方針で、投資家保護の立場からエンドースメント手続において勘案すべきと掲げられた三つの点（会計基準に係る基本的な考え方、実務上の困難さ、周辺制度との関連）は、これまでの経験においても、差異を評価する規準となっていた。したがって、議論の出発点は、これらの二度にわたる日本基準とＩＦＲＳの差異分析をアップデートしたものになろう。

ＡＳＢＪにおけるエンドースメント手続の進め方

エンドースメントされたＩＦＲＳは我が国の企業が利用することを前提に策定されるものであるから、現行の日本基準の開発と同様の手続を経て、公表され、金融庁長官の指定対象となるものと考えられる。ＡＳＢＪでの公表にあたっては、委員会の議決（委員総数の5分の3以上）が必要であるが、デュー・プロセスとして、同様の議決方法により、公開草案を公表することとなる。

また、委員会の議論の前に十分な議論を行うため「ＩＦＲＳのエンドースメントに関する作業部会」を設置した。ここでの議論のために、財務諸表作成者、利用者、監査人、学識経験者からそれぞれ複数名の方に参加をお願いした。

第1回のエンドースメント手続は、原則的に使用可能なＩＦＲＳをすべて対象とするよう、２０１２年末までに公表された会計基準等とする方向である。基準ができていても早期適用の状態であれば、当該基準（例えばＩＦＲＳ第9号）とそれに置き換えられる基準（例えばＩＡＳ第39号）の双方が対象となる。一度包括的にエンドースメント手続を行い、その後は基準の改訂ごとに個別にエンドースメントをしていくことが考えられる。

エンドースメントされたＩＦＲＳは日本語が原文（ピュアＩＦＲＳでいえば翻訳）とな

ることから、公開草案などで英語からの翻訳に関するコメントが寄せられることも想定される*。膨大な量の翻訳に関するコメントを、限られた公開期間のみで受け付けることは馴染まないので、削除や修正に関するコメントとは別に、いつでもコメントを受け付けるとすることも考えられる。

これらの手続を経て1年を目途にエンドースメントされたＩＦＲＳの策定を終えたいと考えている。ピュアなＩＦＲＳ同様、任意適用の枠組みであるので、指定後直ちに利用できるようにすることが期待されているからである。

エンドースメント手続は、ピュアなＩＦＲＳについて、削除または修正すべきものがあるか否か（あるとすればどこか）を検討するプロセスであるが、それと関連性があるものにガイダンスの作成がある。ピュアなＩＦＲＳについては、現状でその解釈の難しさが任意適用の障害になっている面は否めないからである。ピュアなＩＦＲＳについては、ローカル・ガイダンスの作成は、ＩＡＳＢサイドとしてはＩＦＲＳ解釈指針委員会（ＩＦＲＳ－ＩＣ）しかできず、ＩＡＳＢ外部者が行うべきではないという立場をとっているところである。日本企業の利用を前提としているエンドースメントされたＩＦＲＳでは、ＡＳＢＪによるガイダンスの作成は可能ということになる*。もし、ガイダンスの作成が必要ということになれば、それが実質的にＩＦＲＳの修正とならない範囲で行っていくことになる。

おわりに

エンドースメントされたＩＦＲＳにどれだけのニーズがあるかを、現時点で掴むことは難しいし、具体的には、現物が出来上がったところで明らかになるものだろう。いずれにせよ、エンドースメントされたＩＦＲＳについては、経済界からの提言があったことを踏まえると、経済界との意見交換は欠かせず、同時に、財務報告のユーザーである投資家との意見交換も重要である。エンドースメントにおいて寄せられるそれぞれの意見は、ＩＡＳＢへの意見発信或いは国内基準の開発で寄せられる意見と、対象となる項目は重なっていても、それぞれから異なる意見が寄せられることがありうることに留意していかなければならない。

§23を振り返って

金融庁の「当面の方針」はドラスティックなものではないが、当面の我が国のIFRS適用のあり方を示すものと言えた。2012年頃を目途としてIFRSの強制適用の要否を決めるとした2009年の中間報告の記載は一旦クリアされ、今後はIFRSの任意適用を促進する方向が示された。

当面の方針で、ASBJはエンドースメントされたIFRSの策定という追加的役割を負った。当面の方針に対しては、基準が四つも並存する、という点に批判があった。三つはよくて、四つは臨界点ということがあるのかはわからないが、私が考える論点は、IFRSを任意適用する段階でエンドースを導入することの意味である。これについては、日本の意見発信（修正箇所に関して）が強調されるようになっているようである。

この稿は、エンドースメントのための作業部会を立ち上げた頃に書かれ、進め方についての当初の考え方が記されている。文中にある翻訳問題は後に（私の退任後の公開の議論で）IFRS部分（英語）と修正部分（日本語）を切り離すことによって解決された。翻訳問題を抱えたまま進んでいくことは現実的ではなかったろう。

ガイダンスについては本文の修正の議論と同時並行的に行うことはできなかった。エンドースされたＩＦＲＳがＩＦＲＳ部分と修正部分となると、ＡＳＢＪのガイダンスの対象はエンドースされたＩＦＲＳのみという論理を前面に押し立てるのは難しそう（ＩＦＲＳ部分が共通のため）である。

作業部会は当初から、傍聴者が多く、どのようなものができるのかという関心の高さが覗えた。

§24

当期純利益とＯＣＩリサイクリング

『季刊 会計基準』第43号（２０１３年12月）掲載

本誌が刊行されるとき（２０１３年12月中旬）には、２０１３年12月５日及び６日にロンドンで開催される第３回会計基準アドバイザリー・フォーラム（ＡＳＡＦ）会議は終了している。今回のＡＳＡＦ会議の特徴は、２０１３年４月の初回会議と同様、概念フレームワークをめぐる議論が全議題の中心となっていることである。企業会計基準委員会（ＡＳＢＪ）は、今回の会議を大きな挑戦の場と位置付け、参加団体から会議資料を提出できるというＡＳＡＦの運営方法を活かして、測定、純利益〈36〉、ＯＣＩを一つのテーマとしてまとめた会議資料を作成して議論の場にかけた。執筆時点では、ＡＳＢＪ作成の会議資料（以下、「ＡＳＢＪペーパー」という）は完成し、事前提出が済んでおり、本議題の冒頭説明と質疑応答に向けて会議に向けた準備の最終段階にある。

我が国市場関係者の間では、作成者である経済界、利用者であるアナリスト、学者など、どのセクターにおいても、すべてのＯＣＩをリサイクルして当期純利益が変質しないようにすべきであるという意見が圧倒的に多いことを踏まえ、その意見に沿った発信を行うものであるが、本稿ではＡＳＢＪペーパーの発想と狙いについて概観しておく。

我が国の多数意見と国際的な議論

我が国で多数を占める意見を要約すると、基本的に実現した利益を会計上の利益と認識すべきであって、金融商品のトレーディングや一定のデリバティブ取引のように公正価値で測定してそれを直ちに純利益に含める会計処理は限定的なものにすぎない、こととなる。そのため、公正価値と包括利益が始めにありき、という考え方は賛同を得ていない。また、資産負債アプローチも純利益を大切にしない考え方の要因と見られるため、幅広い支持を得ていない。収益費用アプローチか、少なくとも資産負債収益費用を同時に勘案して会計処理を決めるべきという考え方が多いように思える。

我が国の多数意見によれば、実現利益を中心に構成される純利益の性質を維持するためにはＯＣＩをすべてリサイクルすべきことは当然の前提になる。米国ＧＡＡＰでもそのような実務となっているので、ＯＣＩのリサイクルの強制は堅固なものに見えるが、国際的な議論の場では必ずしもそうとはいえない。米国は現行のＯＣＩリサイクルを、今後の長期的な基準開発においてどこまでも前提に置くべきという主張をしているわけでは必ずしし

〈36〉 当期純利益に相当するＩＦＲＳのprofit or lossを我が国では「純損益」と翻訳しているが、本稿では市場関係者で一般的に使われる当期純利益、或いは純利益を使うこととしている。

もない。

国際財務報告基準（ＩＦＲＳ）の議論においては、純利益の表示廃止が財務諸表の表示プロジェクトで方針として掲げられた時代もあり、仮に純利益が表示上残るとしても、ある期間の資産負債の増減に起因する収益費用はその期間に一度だけ（包括利益として）発生するのであって、別の期に再度発生することはない（リサイクルはしない）という考えが一時期有力であった。

ＩＡＳ第19号の再測定差額のＯＣＩ処理や、ＩＦＲＳ第９号の保有株式のＯＣＩオプション、負債を公正価値測定する際の自己の信用リスクのＯＣＩ処理はこの考え方によっている。一方、ＩＦＲＳ第９号の限定的改正のプロジェクトで追加される予定の保有債券の新しいカテゴリー（公正価値ＯＣＩ処理）は、リサイクル処理となる見込みである。このように、国際会計基準審議会（ＩＡＳＢ）ではリサイクルとノンリサイクルが直近の議論に至るまで混在し続けている状況である。

ＡＳＢＪではこれまでのＩＡＳＢとの定期協議等を通じ、討議資料（「財務会計の概念フレームワーク」２００６年）にあるリスクからの解放の概念や金融投資と事業投資の相違を示しながら、ＯＣＩリサイクルの必要性を説明してきたが、なかなか理解は得られなかった。

純利益の定義

幅広く財務諸表利用者に業績指標として使われている当期純利益の位置付けが定まらない一因として、純利益が定義できないということがあった。特に資産負債アプローチの下で、純利益を定義するのは難しいとされてきた。これまでＩＡＳＢの概念フレームワークで純利益について言及されたことはなく、純利益は、概念フレームワーク上存在しないのである。何らかの形で純利益をフレームワークに位置付けることが今回のＩＡＳＢのプロジェクトの目標であるものの、純利益の定義については、ＩＡＳＢスタッフは当初から諦めているように見える。そのため、我が国から提案をしていかなければならない状況にある。

２００６年の我が国の討議資料では、財務諸表の構成要素として包括利益と純利益を次のように定義している。「包括利益とは、特定期間における純資産の変動額のうち、報告主体の所有者である株主、子会社の少数株主、及び将来それらになり得るオプションの所有者との直接的な取引によらない部分をいう。」「純利益とは、特定期間の期末までに生じた純資産の変動額（報告主体の所有者である株主、子会社の少数株主、及び前項〈37〉にい

〈37〉 上記の包括利益の定義を指す。

うオプションの所有者との直接的な取引による部分を除く。）のうち、その期間中にリスクから解放された投資の成果であって、報告主体の所有者に帰属する部分をいう。」としている。

今回、ＡＳＢＪペーパーでは、純利益の定義とその特徴の説明を2段構えの構成とし、会議資料の第1章で定義を示し、第2章から第4章で、純利益の特徴、二つの測定基礎を使用する状況、リサイクリングを記述し、それぞれ定義との相関関係を示している。第1章の包括利益と純利益の定義は以下のようである。

「**包括利益**とは、純資産を構成する認識された資産及び負債について企業の**財政状態の報告の観点から**目的適合性のある測定基礎を用いて測定したある期間における純資産の変動のうち、所有者の立場としての所有者との取引による資本の変動を除いたものである。」とし、「**純利益**とは、純資産を構成する認識された資産及び負債について企業の**財務業績の報告の観点から**目的適合性のある測定基礎を用いて測定したある期間における純資産の変動のうち、所有者の立場としての所有者との取引による資本の変動を除いたものである。」とした。この定義の結果、ＯＣＩも定義されて、「企業の財政状態の報告の観点から目的適合性のある測定値と企業の財務業績の報告の観点から目的適合性のある測定値が異なる場合に使用される「連結環」である。」とした。

このような包括利益と純利益の相似形の定義は、メカニズム的なもので、資産負債の測定値が決まれば操作的に導かれる定義となっている。例えば、二つの異なる測定値を有する資産や負債が消滅するときを考えればわかるように、包括利益と純利益の差は、時点の差でしかなく、概念上、両者の全期間を通算した合計値は一致する。

我々の定義は、ＩＡＳＢのＤＰ（「財務報告に関する概念フレームワークの見直し」２０１３年）の中に「特定の項目についてどの測定基礎を使用するのかを選択する際に、当該測定が財政状態計算書及び純損益とＯＣＩを表示する計算書の両方においてどのような情報を生み出すのかを考慮すべきである。」「資産又は負債を再測定すべきであるが、純損益における情報は財政状態計算書で使用するのとは異なる測定をすべきだと決定する可能性がある。」といった記述があることから、それを発展させた発想である。後者の記述はＤＰでいえば、ＯＣＩの３類型の一つである橋渡し項目に使われる表現であるが、ＡＳＢＪとしては、３類型は不要であって、すべてのＯＣＩの発生は同一の資産負債の測定値に差額（連結環）が生じたことを意味すると考えている。このＡＳＢＪの考え方は、我が国の純資産会計基準において評価換算差額という呼称を使用し始めたときに遡るといえよう。

なお、現行のフレームワークにある資産負債から導かれる収益費用の定義が含まれているが、包括利益と純利益を定義することで、ＡＳＢＪとしては収益費用の定義は不要という立場をとっている〈38〉。

純利益の特徴、二つの測定基礎、リサイクリング

従来我が国の一部で包括利益概念を批判する際、包括利益は定義的に決まっても、その性格は資産負債の測定に依存し一義的に決まるものではないというものがある。今回純利益を包括利益と相似的に定義することで、この批判は、純利益にも当てはまることになる。その意味からも、純利益の特徴の説明が必要と考えられる。

純損益の特徴はＡＳＢＪペーパーの第２章で説明している。純損益は、「ある会計期間における企業の事業活動に関する不可逆な（irreversible）成果を包括的に（all inclusive）示すものである。」としている。企業の事業活動に関する「不可逆な成果」と「包括的に」という二つのキーワードが含まれている。

ＡＳＢＪペーパーでは、前者について、成果が不可逆となるまで企業の事業活動の成果に関する不確実性が減少することを意味するとしている。討議資料の定義に含まれたリスクからの解放や、確実な成果などの表現の中から、「不可逆な成果」を選択した。後者の

「包括的に」は、ある期間におけるすべての取引及び事象が考慮されていることを意味し、リサイクリングによってもたらされる性格である。

第3章では、二つの測定基礎を取り上げ、二つの測定基礎が使用されOCIが連結環として使われるのは、リスクに晒されている資産及び負債に関連して、報告日まで更新された情報を使用して資産又は負債の再測定することが財政状態を表す観点では目的適合的であるが、そのような再測定値は財務業績を表す観点では目的適合的でない場合であると分析した。前者は、報告日におけるリスク要因を反映した測定値であり、後者は、成果が不可逆となっていないことを反映した測定値である。成果までの時間軸が長期の場合にはそのような状況が生じることが多い。

第4章のリサイクリングに関して、リサイクリングはメカニズムとして自動的に生じるものとして、その発生時期を(1)関連する資産又は負債の認識が中止される場合、(2)関連する資産について減損損失が認識される場合、(3)時間の経過とともにnatural reverse（自

〈38〉 包括利益や純利益のようなボトムラインを定義することで、そこに含まれる個々の項目も明確になるからである。加えていえば、リサイクル支持の立場からは収益費用を定義することは好ましくない。損益計算書に含まれるいわゆる組替調整（リサイクル）部分が、収益費用の定義を満たさないからである。

然な戻り）が生じる場合を挙げている。

ＡＳＢＪペーパーの補足的検討

ＡＳＢＪペーパーは概念フレームワークの性格から、本文では各論を扱わないこととしているが、各論への影響が議論に影響していることもあり、補足的検討を二つ追加している。一つは測定基礎の決定方法で、ＤＰがどのように将来キャッシュ・フローに寄与するかに応じて決めるべきとしていることを受けたものである。寄与する方法と可能性の高い測定基礎を対照して説明するＤＰの方法に、測定基礎が二つありうることを加え、寄与する方法のうち、いずれにおいて差異が発生する可能性が高いかを示している。

もう一つの補足的検討は現在使用されているＯＣＩに対する考え方である。これらに深入りすることは個別基準の是非にも及ぶことから、注意深く言及している。

おわりに

ＯＣＩを利用する限りはリサイクルが必要であるということは、我が国の多くの市場関係者の間で当然のこととして受け止められているが、その認識がない人たちに納得させるのが容易かというと必ずしもそうではない。一つにはリサイクリングという表現自体から、人為的な操作という認識を持たれている可能性があるからである。それを自然なものだと説明するのが今回のＡＳＢＪペーパーである。

ＩＡＳＢのＤＰの議論の前提は、当期純利益を残し、リサイクルも残すが、現状のノンリサイクル処理も残して基準への直接的な跳ね返りを避けたいというのが初期値に見える〈39〉。少数意見は、収益費用は一度だけ発生する（リサイクル不要）という考え方である。

こういう中で、資産負債アプローチによる純利益の定義を付加することで、これまで理解されてこなかったリサイクルの意義が一朝一夕に理解されるかは定かではない。我々の試みは、まず、ＡＳＡＦの場を通じて世界の市場関係者の理解を広め、ＩＡＳＢのボードメンバーの多数の理解につなげ、状況を変えていきたいと思っているところである。

〈39〉 ＤＰでは、純利益とリサイクリングを維持するアプローチを予備的見解として明示的に初期値にしている。その中には、すべてのＯＣＩにリサイクルを求める見解とすべてには求めない見解を含んでいるが、両見解の違いを理屈で説明するというより、ＯＣＩに対する広いまたは狭いアプローチと名付け、あたかもＯＣＩを認める範囲の違いのような説明となっている。

§24を振り返って

この稿はＡＳＢＪのアジェンダ・ペーパーが使用された２０１３年12月のＡＳＡＦの開催前に書かれている。委員長任期満了から逆算し、ＡＳＢＪの主張を踏み込んで説明する機会はここしかないと考え、早めにこの会計上のテーマを取り上げた。

文中にある純利益の（包括利益と相似形の）定義は、純利益を、資産負債を使って定義する。それを可能にするのが、資産負債に二つの測定値がありうる（ＢＳ上に見えるのは一つだけであるが）というＩＡＳＢのＤＰにある見方で、これを基に私が着想した。この定義ではリサイクルが当然のメカニズムになる。「不可逆な成果」という純利益の特徴を中心とした全般に関し、小賀坂　敦副委員長、関口智和委員、紙谷孝雄ディレクター、川西安喜ディレクター、板橋淳志ディレクター等が議論を重ねた。純利益の特徴を示すのは困難であるが、包括利益の特徴（全面公正価値会計は別だが）は一元的には示せない。

§25

委員長職の任期満了を前にして

『季刊　会計基準』第44号（2014年3月）掲載

はじめに

本誌が刊行されるのは、本（２０１４）年3月中旬であるが、私自身、３月末には企業会計基準委員会（ＡＳＢＪ）委員長の任期満了を迎えることとなる。はじめに、これまで長らくＡＳＢＪの活動をご支援くださっている市場関係者の皆様に対し、心から感謝申し上げたい。

２０１４年3月末は、米国財務会計基準審議会（ＦＡＳＢ）のあるノーウォークで迎えることを予定している。ＦＡＳＢとの定期協議が、３月31日から4月１日にかけて予定されているので、委員長交代は現地で行われることになる。私にとっても、新委員長にとっても、記憶に残る形となろう。思い起こせば、前任の斎藤静樹委員長も、任期満了直前の２００７年3月27、28日両日にＩＡＳＢとの定期協議、翌29日にはＩＦＲＳ地域ポリシー・フォーラムの東京会議をこなされていたということで、活動の切れ間がないＡＳＢＪでは、落ち着いた形での委員長交代はないのかもしれない。

季刊誌第22号（２００８年9月発行）より掲載開始となったチェアマンズ・ボイスは、本稿で第22稿目（「ＡＳＢＪの10年―これまでとこれから―」を掲載した第34号のみ休載）となる。財務会計基準機構（ＦＡＳＦ）及びＡＳＢＪの設立以来、副委員長、委員長として務めた13年弱を、本稿において振り返ることも考えられるが、そのような機会は後日の別の場に譲ることとしたい。それに代え、ＡＳＢＪが現在抱えている案件の状況を整理することでチェアマンズ・ボイス最終稿としたい。ＡＳＢＪの今後の活動の大きな方向性は、市場関係者に予見可能性を付与することとなるが、そのような方向は、本（２０１４）年４月に就任する新委員長のもとで、いずれ明らかになっていくだろう。

対外的意見発信

ＩＦＲＳの任意適用を拡大するという政策の下で、ＩＦＲＳの開発に関し、我が国の対外的意見発信の中核をなすというＡＳＢＪの役割の重要性が増している。ＩＦＲＳ財団において意見のインプットを受け入れる中心的な場として位置付けられる、会計基準アドバイザリー・フォーラム（ＡＳＡＦ）は、各国各地域の主要会計基準設定主体等をメンバーとして２０１３年４月に開始されて以来、約１年がたつ。

前号の本欄等において、ＡＳＢＪが２０１３年会計基準アドバイザリー・フォーラム（ＡＳＡＦ）用に作成した当期純利益、ＯＣＩリサイクルについてのアジェンダ・ペーパーについて述べているところであるが、概念フレームワークの議論は、引き続き重要であり、本（2014）年1月には、国際会計基準審議会（IASB）の概念ディスカッション・ペーパー（DP）に対してコメントレターを送付した。そこでも、ASAF対応専門委員会や委員会の議論に加え、IFRS対応方針協議会等を通じ、国内市場関係者、関連団体等とのコミュニケーションを踏まえてコメントしたところである。

従前からのリースや保険プロジェクトにはまだ紆余曲折の可能性があるが、そうであっても、概念フレームワークのあり方が今後のIASBでの議論の中心、したがって日本からの意見発信の中心テーマであることは間違いない。今後のASAFでの概念フレームワークの議論についてもIFRS対応方針協議会で引き続きハイレベルなインプットをいただくことになろう。

ASBJの意見発信をより有効にするための方策として他の有力な団体との連携が考えられるが、ASAFの主要メンバーである欧州財務報告諮問グループ（EFRAG）とは、2014年1月下旬に東京で会合を持った。IASBに対して強い影響力を有するEFRAGとのコミュニケーションは、今後、1年に1回の予定の会合を中心に緊密化していくこととなろう。また、FASBとの定期協議は、ASBJが会計基準に関する理屈的にレベルの高い議論を続けるための、鍛錬の場として継続していくことになろう。

エンドースメントされたＩＦＲＳの策定

企業会計審議会から２０１３年６月に公表された「国際会計基準（ＩＦＲＳ）への対応のあり方に関する当面の方針」（当面の方針）によりＡＳＢＪは新たな責務を負った。２０１４年のＡＳＢＪの活動の中心に、エンドースメントされたＩＦＲＳの策定がある。昨年（２０１３年）から取り掛かっている策定手続は、本年（２０１４年）の秋までの１年間を目途に完了させるべく、議論が行われている。

「ＩＦＲＳのエンドースメントに関する作業部会」では、検討対象となりうる日本基準とＩＦＲＳの比較的重要な差異を拾い出した。エンドースメント作業は個々の基準ごとに行うことが原則であるので、すべての基準と解釈指針をカバーする形で行われた。次に検討対象となりうる差異のうち、さらに議論が必要な項目に絞り込むプロセスに入り、対応案を議論した。

拾い出しから修正・削除の決定（もしあれば）まで、判断基準は、当面の対応にある①会計基準に係る基本的な考え方②実務上の困難さ（作成コストが便益に見合わない等）③周辺制度との関連（各種業規制などに関連して適用が困難または多大なコストを要することがないか）等を勘案することになる。議論が進む中で、これら三つの観点の検討のハードルを引き上げていくことになる。その中で、我が国の基本的な考え方を議論の中心にすべきというのが作業部会での方向性と認識している。

ガイダンスないし教育文書の要否についても今後議論がなされていくことになる。作成者がＩＦＲＳに使い勝手の悪さを感じる場合、それがＩＦＲＳの原則主義に起因している可能性があり、そうであれば、ガイダンス等が公表されることで国内関係者の理解が進む可能性がある。どの基準に関してガイダンス等を出していくかを確認しておくことで、エンドースメント手続の全容が理解しやすくなるだろう。勿論、ＩＦＲＳの解釈はＩＦＲＩＣの専権事項というのがＩＡＳＢの立場であるから、エンドースメントされたＩＦＲＳに限ったガイダンス等である。

最終的に修正削除する項目があるかも含め、この段階ではまだ見えていないが、当面の方針でも国際的な理解を得ることの必要性に言及していることから、修正削除が残るとしても相当限定したものになると見込まれる。

国内会計基準の整備

国内会計基準については、２０１３年に企業結合（ステップ２）プロジェクトが完了したことにより、東京合意から続いてきたコンバージェンスプロジェクトによる基準開発に一区切りがついた。2014年は、大掛かりな基準開発（例えば新たなコンバージェンスの取り組み）というより、既存の国内会計基準の整備作業が行われることとなろう。

具体例を挙げれば、基準諮問会議の提言を受け、テーマ開始を決定したプロジェクトの中で、繰延税金資産の回収可能性の判断に関する指針の見直しについては、現行ルール（日本公認会計士協会監査保証委員会報告第66号）を出発点として改善の可能性を模索する方針が出されたところである。緊急性が高いものとして位置付けている「リース手法を活用した先端設備等投資支援スキームに係る会計上の取扱い」は、既存のリース会計基準の確認と本手法に限定した変動リースの扱いを示すものとなる方向で議論されている。

人材開発と人材活用

2012年1月から始まった人材開発プロジェクトについては、第1期生の2年間の過程が2013年末に終了し、第2期が2014年5月に開始されるよう、準備の段階にある。人材開発は、中長期的な取組みであるが、個々の受講生、講師、主催者のどの立場からも、短期的に成果が見える（目に見えるほどのスキルアップがある）ことが期待される。

その上で、それらの向上したスキルを生かす場を、本人及び所属組織との連携の下に見つけていくべきこととなる。例えば、ＩＡＳＢへのスタッフ派遣が人材開発の受講生であったという場合には、人材開発の一つの成果である。もちろん、ＡＳＢＪスタッフとなる機会を得ることも、目に見えた成果である。受講生を派遣する企業や監査法人が、高い意識を持って長期的視野で受講生のキャリアパスをマネージしてくださることを期待したい。

おわりに

ＡＳＢＪの活動内容は、時の経過とともに変遷してきたことは間違いない。変わらないのは、国際的市場である我が国の資本市場で利用される重要なインフラである高品質な会計基準（国内基準と国際基準）の開発・整備、意見発信の中核をＡＳＢＪが担ってきたことである。会計基準は、市場関係者の意見集約を通じて形成される。国内の市場関係者の皆様には引き続き、ＡＳＢＪをご支援いただくようお願いして、私が執筆する最後のチェアマンズ・ボイスを終わりとしたい。

改めまして長い間、本欄にお付き合いいただきましてありがとうございました。

§25を振り返って

チェアマンズ・ボイスとしての連載はここで終わるため、この稿ではＡＳＢＪの活動を棚卸している。すべて新しい委員長に引き継ぐのだが、小野行雄委員長の名前を出していない。正式決定が２０１４年３月14日の理事会という微妙なタイミングのためである。

２０１４年秋完成を目途に始めたエンドースメント手続は、目標期限を考えると私の任期中に公開草案に漕ぎ着けるのが理想であったが、２０１３年７月からの作業部会の審議を重ねるうちにそれがほとんど難しいことがわかった。修正項目の絞込みによい感触が得られたあたりで私の任期は終わった。公開草案は、私の退任から４か月後の２０１４年７月「修正国際基準（国際会計基準と企業会計基準委員会による修正会計基準によって構成される会計基準）（案）」として公表された。ＩＦＲＳ財団側のスタンスは、少しでもＩＦＲＳと異なるものはＩＦＲＳではない、というブランド防衛の発想である。日本側とＩＦＲＳ財団側が両者折り合えるところとして、事実をそのままネーミングすることになったと理解している。

国内基準に関しては、§26でも触れているが、コンバージェンスが停滞して以降、本格的な基準開発、改定に再起動できなかった。特に、最終年度はＡＳＡＦにおける意見発信とエンドースメントにリソースの多くが向けられた。市場関係者の幅広い支持を取りつけ、新しいコンバージェンスのあり方を打ち立てて、新たな日本基準の開発を進めてもらいたいというのが私のＡＳＢＪへの期待である。

§26

委員長在任期間を振り返って

『季刊 会計基準』第45号（2014年6月）掲載

はしがき

２０１４年３月末の企業会計基準委員会（ＡＳＢＪ）委員長退任から約１か月を過ぎ、その間、公益財団法人財務会計基準機構（ＦＡＳＦ）主催による市場関係者との退任懇談会の場で、各セクター、各組織を代表する方々から慰労の言葉を戴いた。それらは私の身に余るものであったが、そのような行事も終わり、今は人心地ついているところである。ここで簡単に７年間の委員長在任期間を振り返ってみたい。

斎藤静樹初代委員長

私は２００１年８月の第１回ＡＳＢＪの委員会から斎藤静樹初代委員長を間近に見てきた。斎藤委員長が日中韓３か国会議の挨拶で中国の故事を引用して主催の中国を驚かすという場面もあったし、与党からの時価会計凍結減損会計適用延期の要請という難問にあたり、有識者の意見を聴取して丁寧に問題を解決するところも見てきた。何よりも有益だったのは、斎藤委員長から、会計基準設定主体は市場関係者の意見集約の場であることを叩き込まれたことである。委員長就任後、意見聴取の方法を変えたり強化することで、ＡＳ

ＢＪは狭い路を進んできたと思っている。

東京合意から同等性評価へ

２００７年４月の委員長就任時に考えたことは、我が国市場関係者にＡＳＢＪの基準開発活動の進み方を見えやすくすることだった。２００７年８月の東京合意は、理念的には極めて長期にわたるコンバージェンスについて、その道筋を示そうとしたものである。東京合意は市場関係者から暖かく受け止められた。その中の一区分である短期プロジェクトは、当時進められていたＥＵの同等性評価への対応を軌道に乗せるものとなったからである。ＡＳＢＪの工程表は２００６年から公表されていたが、それが東京合意の下で組替えられ、両者を一体として見たとき、同等性評価へのＡＳＢＪの対応がわかりやすいものとなった。ＥＵ同等性評価の対応は短期プロジェクトに集められたが、その一つに棚卸資産のＬＩＦＯの扱いがあった。ＬＩＦＯの廃止に関しては、影響のある米国企業や米国企業グループから強い反対意見をもらうということもあったが、ＬＩＦＯも含め、相当量の基準開発や改正が短い期間に順調に進んだ。そのことは、勿論、作成者、監査人に負担をかけたという一面はあった。

同等性評価の結論は２００８年の年末にＥＣから発表され、日本の会計基準はＩＦＲＳと同等と評価された。

中間報告とコンバージェンス

直後の２００８年末に私は病で入院し、年明けに大がかりな手術を受けた。いくつもの講演、座談会を当時の副委員長や常勤委員に代わってもらうなどの迷惑をかけた。

復帰後の２００９年６月、金融庁企業会計審議会から「我が国における国際会計基準の取扱いに関する意見書（中間報告）」が公表されて、ＩＦＲＳの我が国企業への適用問題が一気に大きな課題となった。ＡＳＢＪが進めてきたコンバージェンスについては、中間報告でその継続・加速化が明示され、連結先行という考え方も提示された。

設立当初の寄附行為では委員の任期は連続3期（1期3年）となっていた。私の委員任期は２０１０年３月までであった。しかし、ＦＡＳＦは公益財団法人化を目指す中、２００８年12月の理事会で定款を変更し、公益化関連以外の項目として、常勤委員任期につき2年2期（最大4年）の延長を可能とした。この規定により、私は２０１０年４月に委員長に再任された。なお、このときから委員長は委員会の互選から理事会選任に変更されている。

ＡＳＢＪでは、２０１０年６月の中期運営方針に記されるように、ＩＦＲＳ適用を睨んだ活動の方向性を模索した。ＩＦＲＳ任意適用会社のためのＩＦＲＳ実務対応グループの活動を行う一方、コンバージェンス（東京合意にあるその他のプロジェクトとＭｏＵに関連するプロジェクト）に精力を注いだ。しかし、短期プロジェクト終了後のコンバージェンス作業は、連結先行の考え方を活かせず、うまく進まなかった。企業結合（フェーズ２）や開発費を含む四つの基準については、ＦＡＳＦ内に設けられた単体財務諸表に関する検討会議からアドバイスをいただくこととなった。

二度の任期延長

２０１１年の自見大臣談話はＩＦＲＳ適用に慎重な方向性を示すものであった。コンバージェンスを進める環境はさらに遠のいた観はあったが、単体検討会議の議論を踏まえ、四つの基準についてはそれぞれの結論を得ることができた。

個人的には健康問題もあり、２０１０年秋に慶應義塾大学からの誘いがあったとき、２期目の延長期間はない方向で萩原敏孝理事長（当時）には伝えてあった。しばしの時を経て萩原理事長からは、現下の混沌とした状況での委員長探しは難しく、2012年4月から非常勤であっても構わないので委員長をとりあえず1年継続するよう求められた。必要な定款変更もなされ、二度目の任期延長となった。結果的に1年後にも新委員長は見つからず、定款いっぱいの任期を使うこととなった次第である。

当面の方針と三つの柱

2013年6月に企業会計審議会から公表された「国際会計基準（IFRS）への対応のあり方に関する当面の方針」（当面の方針）は、当面、IFRSの任意適用の拡大を目指す方針が明らかにされたものであり、ここでASBJにIFRSのエンドースメントという新たな役割が与えられた。これにより、ASBJは、IFRSへの意見発信、エンドースメント、日本基準の整備という三つの柱を立てていくことになる。

エンドースメントは、私の任期中に公開草案を出すことはできなかったが、多少のずれはあっても国内での議論は順調に進んでいる。日本基準の整備は現行基準の下での実務上の問題の解決であるから、主体的なコンバージェンスのあるべき進め方に関しては小野行雄委員長にお願いするほかない。

AOSSGのリーダー

ここで時点は少し遡るがアジア・オセアニア会計基準設定主体グループ（AOSSG）について触れておきたい。2008年頃日中韓3か国会議の場で、アジア・オセアニア全域にわたる会計基準設定主体構想を提案したのは日本からである。2009年、北京での準備会合を経て、秋に初代議長国となったマレーシアで第1回会議が開かれ、国際会計基準審議会（IASB）の各プロジェクトに対応するワーキング・グループが多数設置された。その会議で副議長（次期議長）国の投票があり、ASBJが第2代議長を担うこととなった。2010年からの1年間で、議長諮問委員会（CAC）の設置と活用、ビジョン・ペーパーの公表、IASBのコメント募集のすべてに対するAOSSGからの意見発信を行った。

アジア・オセアニアの意見が多様であることは、当初から参加国自身が認識していたことである。だからこそ、我が国の意見に同調する者を常に作って地域の多数意見となるように努力する必要があると考えている。

定期協議からASAFへ

２０１３年からの任期最後の１年は忘れられない１年となった。各国各地域の会計基準設定主体等からなる会計基準アドバイザリー・フォーラム（ＡＳＡＦ）がＩＦＲＳ財団に設置され、２０１３年４月に第１回の会合が開催されたためである。地域での市場関係者の意見集約を最もよく行っている各国及び各地域の会計基準設定主体からのインプットをＩＡＳＢがＩＦＲＳの開発に活かすという考えである。それとともにＩＡＳＢと各国及び各地域との連携を強化する動きと考えられている。ＡＳＡＦの開始により、ＡＳＢＪとＩＡＳＢの定期協議は、２０１３年６月を以て終了することとなった。定期協議は斎藤静樹委員長時代の２００５年からコンバージェンスの共同プロジェクトの場として続いてきており、ＡＳＢＪにとっては大きな意味があった。しかし、ＡＳＡＦの意義に鑑み、また、これまで以上にＡＳＢＪとＩＡＳＢは各階層で緊密にコミュニケーションを図るという前提の下で、定期協議は終了することとした。

ＡＳＡＦの議論で、当面、概念フレームワークが大きな焦点となっているが、２０１３年12月のＡＳＡＦでは、純利益・ＯＣＩの議論のためのアジェンダ・ペーパーをＡＳＢＪで作成する等、積極的な意見発信の場とした。

おわりに

延長任期を含め7年の任期をやり尽くし、私は暖かく送り出された。2014年3月のASAF、IFASSの場では盛大な拍手を戴き、任期最終日の米国FASBとのディナーでは、サプライズゲストの直前2議長を含む、歴代3議長から送別の言葉をいただくという栄に浴した。

ASBJが存続する以上やり残したことは多いが、思い残すことはない。また、難しいことは山積しているが、会計基準設定の将来を担う若い人材が台頭してきたことに大きな期待を抱いている。

小野委員長の下でASBJの新たな船はすでに出航している。エンドースメント、その先にある日本基準のコンバージェンスの進め方等、ASBJの向かっていく針路は、引き続き容易なものではない。ASBJの活動の成否は、我が国市場関係者の支持が幅広く得られるかにかかっている。ASBJと市場関係者の緊密な対話と、それに基づく我が国市場関係者のASBJへの支持に期待しているところである。

末筆ながら、長年にわたる皆様からのご支援に深く感謝するものであります。大変ありがとうございました。

§26を振り返って

委員長退任後1か月余の期間を置いてこの稿は書かれた。退任前は慌ただしかった。最後の月にロンドン、デリーとノーウォークの海外会議があった。2014年3月末のFASBとの定期協議出発前にFASF／ASBJ内部の送別会が行われた。FASF／ASBJではスタッフが企業や監査法人から出向し3年程度で帰任するので、1年に何回か歓送迎会が開かれる。副委員長時代から、私は帰任するスタッフ全員それぞれに感謝と励ましの言葉を送ってきた。創業メンバーで現職の私だけは歓送迎のどちらの機会もなかった。出張前で緊張が解けぬ面もあったが、有志から似顔入りの羽子板をいただくサプライズもあり、感謝の念に包まれた。文中にあるFASBの夕食会も、2014年4月のFASF主催の市場関係者との退任懇談会も本当に感激した。1年とはいえASAFの経験も得て、思い残すことなく退任の運びとなった。

著者紹介

西川　郁生（にしかわ　いくお）

1974年　東京大学経済学部卒業。

1990年～2001年　新日本監査法人（現新日本有限責任監査法人）代表社員。

1993年～1998年　国際会計基準委員会（IASC）JICPA代表。

1995年～2001年　日本公認会計士協会常務理事。

1999年～2005年、2008年～2014年　企業会計審議会臨時委員。

2001年～2007年　企業会計基準委員会（ASBJ）副委員長。

2007年～2014年　企業会計基準委員会（ASBJ）委員長。

2010年～2011年　アジア・オセアニア会計基準設定主体グループ（AOSSG）議長。

2012年～現在　慶應義塾大学教授。

＜主要著書＞

『アメリカビジネス法（第3版）』中央経済社、2004年

『国際会計基準の知識』日本経済新聞社、2000年

『会計基準の針路』中央経済社、2014年

著者との契約により検印省略

平成27年3月10日　初 版 第 1 刷 発 行

会計基準の最前線

著　　者	西　川　郁　生
発 行 者	大　坪　嘉　春
印 刷 所	税経印刷株式会社
製 本 所	牧製本印刷株式会社

発 行 所　〒161-0033 東京都新宿区下落合2丁目5番13号　株式会社 税務経理協会

振　替 00190-2-187408　電話 (03)3953-3301（編集部）
FAX (03)3565-3391　(03)3953-3325（営業部）
URL　http://www.zeikei.co.jp/
乱丁・落丁の場合は，お取替えいたします。

ISBN978-4-419-06215-6 C3034